BATIMENTS
DE
CHEMINS DE FER

EMBARCADÈRES — PLANS DE GARES
STATIONS — ABRIS — MAISONS DE GARDE — REMISES DE LOCOMOTIVES
HALLES A MARCHANDISES — REMISES DE VOITURES
ATELIERS — RÉSERVOIRS, ETC.

ACCOMPAGNÉ D'UN TEXTE EXPLICATIF

PAR

PIERRE CHABAT

ARCHITECTE

MEMBRE DE LA SOCIÉTÉ IMPÉRIALE ET CENTRALE DES ARCHITECTES
PRÉPARATEUR DU COURS DE CONSTRUCTIONS CIVILES AU CONSERVATOIRE IMPÉRIAL DES ARTS ET MÉTIERS
BIBLIOTHÉCAIRE, CHEF D'ATELIER ADJOINT A L'ÉCOLE CENTRALE D'ARCHITECTURE
DIRECTEUR DU JOURNAL-MANUEL DE PEINTURES.

DEUXIÈME VOLUME

PARIS
A. MOREL, LIBRAIRE-ÉDITEUR
13, RUE BONAPARTE, 13

1860

DESCRIPTION DES PLANCHES

PLANCHES 1, 2

ROTONDE DE MOHON

Charpente en bois

CHEMINS DE FER DES ARDENNES

M. Langlais, Architecte

Cette rotonde a 50 mètres de diamètre et contient 18 machines; la planche n° 1 donne une moitié du plan, une coupe et une élévation. La planche n° 2 donne un plan général faisant voir la disposition des rotondes, de plus les détails d'une porte et d'une fenêtre.

La couverture, partie en ardoises, partie en zinc, est clouée sur voliges en peuplier de 0.015 m/m. d'épaisseur et de 0.10 c. de largeur, espacées de 0.02 c. Ces voliges sont clouées elles-mêmes sur des chevrons également en peuplier espacés de 40 centimètres d'axe en axe, de 0.06 d'épaisseur sur 0.08 de hauteur.

PLANCHES 3, 4, 5

STATION DE BEAUVAIS

CHEMINS DE FER DES ARDENNES

M. Langlais, Architecte

La planche 3 donne un plan général de la gare de Beauvais ainsi que les plans du rez-de-chaussée et du premier étage du bâtiment des voyageurs.
La planche 4 représente l'élévation sur la cour.
La planche 5 donne la coupe transversale passant par le vestibule et le pignon.

Tableau des bâtiments de la gare de Beauvais et prix de revient de chacun d'eux.

DÉSIGNATION DES BATIMENTS	DÉPENSES		TOTAUX
	Fondation	Élévation	
Bâtiment des voyageurs	31.049,74	169.713,45	201.803,70
Abri des voyageurs	8.648,99	21.896,88	30.544,74
Corps de garde et lampisterie	1.418,84	7.124,29	8.543,13
Cabinet d'aisances	4.146,86	9.577,81	13.744,07
Quai de voyageurs	2.178,09	12.790,06	14.902,94
Halle aux marchandises	91.152,05	102.900,73	194.793,78
Quai découvert	7.146,19	9.168,80	16.314,77
Grue à chargement	2.361,13	»	2.361,13
Réservoir	7.923,97	15.015,87	22.089,44
Forêt à piquer devant le réservoir	3.080,50	»	3.080,50
Remise de voitures	16.990,72	34.640,79	51.561,61
Chariot de la remise aux voitures	2.430,13	»	2.430,13
Remise des locomotives	15.395,80	24.843,47	40.106,18
Fosse à piquer remise de locomotives	18.122,18	»	18.122,18
Regard pour robinet d'alimentation	283,07	»	283,07
Plaque tournante de 12 m.00	44.317,81	»	44.317,81
Grue hydraulique	160,88	»	160,88
Fosse à piquer de cette grue	1.700,20	»	1.700,20
Machine aspirante	2.306,66	»	2.306,66
Machine fixe, bouilloire et cheminée	3.839,97	3.670,84	7.510,38
Quai à chaînes de ponts	707,00	»	»
Gare et quai provisoire de voyageurs	»	31.934,16	31.934,16
Fête de l'inauguration	»	7.447,84	7.447,84
Travaux exécutés en régie aux divers bâtiments	»	4.899,00	4.899,00
Terrassement supplémentaire	78,04	»	78,04
Total			447.205,92

PLANCHES 6, 7, 8

RÉSERVOIR

CHEMIN DE FER D'ORLÉANS (Réseau central)

M. Rouxvoort, Architecte

Le bâtiment représenté sur la planche 6 est destiné à recevoir une cuve alimentaire de la contenance de 100 mètrès cubes. Le plan circulaire, si nettement indiqué d'ailleurs par le contour même de la cuve, a permis de supprimer les chaînes en pierre de taille que rend nécessaires la forme polygonale assez généralement adoptée; un fruit de 1/50 augmente la stabilité de la construction et donne aux murs une plus grande résistance.

Le socle, le couronnement ainsi que les jambages et les appuis des baies sont en pierre de taille; les voussures, dont la courbe à l'extrados est surhaussée en ogive, sont en briques; des coussinets également en briques sont placés au-dessous des corbelets qui supportent le revêtement.

Ces coussinets, apparents à l'extérieur, viennent s'amortir sur des pendentifs en pierre faisant parpaings et fournissant un solide appui aux contre-fiches destinées à renforcer les corbelets. Tout le reste de la maçonnerie est en moellons ordinaires.

La cuve, à fond sphérique, repose exclusivement sur une cornière en fonte scellée sur le couronnement en pierre de taille dont elle relie de la manière la plus absolue tous les éléments. Un passage de 0m.75 reste libre entre le revêtement et la cuve au-dessus de laquelle une distance de 0m.75 a été également ménagée sous les tirants du comble; on peut ainsi accéder à toutes les parties intérieures de l'installation dont la visite est rendue facile au moyen du lanterneau vitré qui couronne la toiture.

Pendant l'hiver les tubes d'aspiration et de refoulement peuvent être préservés de la gelée au moyen d'un appareil de chauffage dont le tuyau, après avoir traversé la cuve, passe à l'intérieur du poinçon de fonte creuse qui relie les arbalétriers.

La pression sur les maçonneries est de 2 k. 60 par centimètre carré au niveau de l'arasement des fondations et 1 k. 47 seulement à l'arasement supérieur des maçonneries sous le couronnement.

La planche 7 donne les détails du comble et ceux des encorbellements qui supportent la charpente du revêtement.

La planche 8 montre les principaux détails de la menuiserie.

Le bâtiment coûte 8,000 francs.

PLANCHES 9, 10, 11
STATION D'AVIGNON
CHEMIN DE FER DE LYON A LA MÉDITERRANÉE
M. Gillet, Architecte

La planche 9 donne un plan des fondations, un plan du rez-de-chaussée, un plan du premier étage et un plan du plancher du premier étage.

La planche 10 donne un plan de plancher des combles (partie centrale) et la charpente des bas-côtés, un plan de charpente partie centrale et une élévation sur la voie et une sur la cour.

La planche 11 donne une face latérale, une coupe transversale et des détails des différents planchers et combles.

PLANCHES 12, 13, 14
MAISON DE GARDE
CHEMIN DE FER DE PARIS A LYON ET A LA MÉDITERRANÉE
M. Feyas, Architecte

Les maisons de garde de la section de Moret à Montargis, sur le chemin de fer de Paris à Lyon par le Bourbonnais, ont été exécutées en 1869 sur trois types différents. (Le premier type a été publié dans mon premier volume.) Chacun des deux premiers types correspond à la configuration du sol suivant que celui-ci est en remblais ou en déblais par rapport au niveau de la voie.

Le troisième type a été suivi toutes les fois que le niveau des plus hautes eaux ne permettait pas d'espérer avoir des caves saines en tout temps.

En prenant ce parti qui est incontestablement le plus rationnel on a été conduit à donner à chacun de ces types une physionomie différente. Cependant chacun d'eux renferme un logement composé d'une même quantité de pièces, ainsi qu'un cabinet d'aisances.

C'est sur cette section qu'a eu lieu pour la première fois l'adjonction aux maisons de garde d'un chemin de fer, de cabinets d'aisances; il en est résulté une assez grande augmentation de dépenses; mais cette dépense est nous croyons complètement compensée par les avantages qui en résultent pour la santé des habitants de ces maisonnettes des champs.

	Type n° 2		Type n° 3	
Maçonnerie.	2,750 f.	» c.	2,750 f.	» c.
Charpente.	670	»	643	»
Couverture.	497	52	520	25
Menuiserie.	360	»	585	»
Serrurerie.	230	»	189	»
Fumisterie.	80	»	80	»
Peinture et vitrerie.	245	»	235	70
Total.	4,832	52	5,004	95

Le type n° 2 ayant coûté 4,832 fr. 52, cette maison de garde ayant une surface totale de 38m.42, le prix de revient par mètre superficiel est de 125 fr. 70 c.

Le type n° 3 ayant coûté 5,004 fr. 95, cette maison de garde ayant une surface totale de 37m.38, le prix de revient par mètre superficiel est de 134 fr.

PLANCHES 15, 16, 17, 18, 19
GARE DES VOYAGEURS (Paris)
CHEMIN DE FER DE L'EST
M. Bellanger, Architecte

Planche 15. Plan de la gare des voyageurs à Paris.

Dans ce plan les parties teintées en noir et en gris représentent les bâtiments tels qu'ils ont été adoptés d'après les derniers projets de M. Bellanger, architecte de la compagnie. La longueur totale de la gare est de 505 mètres, la surface totale de la gare est de 83,000 mètres.

Planche 16. Plan de la gare des marchandises et des ateliers de réparations à la Villette.

Planche 17. Élévation de la façade principale.

Planche 18. Élévation (côté de la voie), coupe transversale, coupe longitudinale.

Planche 19. Détails de la ferme.

Figure 1. Élévation générale d'une ferme de la halle à voyageurs de la gare de Paris.

Fig. 2. Assemblage des pannes en fer aux consoles en fonte pour les travées de la lanterne.

Fig. 3. Assemblage de deux consoles en fonte aux arbalétriers sous les pannes en bois.

Fig. 4. Assemblage central des arbalétriers et de poinçon du grand comble, supportant le poinçon rigide de la lanterne.

Fig. 5. Assemblage de la ferme (partie supérieure).

Fig. 5, 1. Assemblage de la ferme (partie inférieure).
Fig. 5, 2. Coupe AB du sol et en fonte.
Fig. 6. Élévation du contre-poinçon en fonte soutenant le milieu des arbalétriers du grand comble.
Fig. 7. Balustre en fonte placé au sommet de la ferme et servant de poinçon au faîtage de la lanterne.
Fig. 8. Élévation et plan du patin d'un balustre en fonte du côté de la lanterne.
Fig. 1 a. Coupe AB d'un arbalétrier et d'un fer à vitrage de la lanterne.

PLANCHES 20-21-22

HALLE AUX MARCHANDISES

CHEMIN DE FER DE PARIS A LYON

(par le Bourbonnais)

M. Favas, Architecte

La planche 20 donne le plan de la halle.
La planche 21 donne un pignon avec son revêtement en planches, pignon en charpente, deux faces latérales, une côté de la cour, l'autre côté de la voie.
La planche 22 donne une coupe, le détail du sabot de faîtage au droit de la lanterne, portes roulantes.

Tableau des dépenses

Maçonnerie	14,943 fr. » c.
Charpente	21,830 »
Couverture	9,255 83
Menuiserie	3,024 33
Serrurerie	30,666 67
Fumisterie	504 94
Peinture et vitrerie	11,476 20
Asphalte	6,734 64
Total	98,444 fr. 81 c.

Surface couverte et bureaux, 1,710m,40; prix de revient au mètre superficiel, 57 fr. 50; prix de revient par travée, 7,032 fr.; surface du quai seul, 1139m,80; prix de revient au mètre superficiel, 86 fr. 50; prix de revient par travée, 7,032 fr.

On comprend avec la halle les bureaux extérieurs considérés comme nécessaires à l'établissement d'une halle, ainsi que les puits pour les écoulements d'eau.

Les quais sont en maçonnerie, leur sol en bitume. Un des murs, le pignon, est en maçonnerie, les autres sont en pan de bois revêtus de menuiserie.

PLANCHE 23

INSTALLATION D'UNE GRUE

CHEMIN DE FER DU NORD

M. Kurva, Ingénieur

Cette grue a été montée dans les halles à marchandises du chemin de fer du Nord. Le tableau qui va suivre donnera les quantités de fers, fontes, bois et maçonneries, plus les quantités des pièces.

DÉSIGNATION DES PIÈCES		POIDS	
		par pièce	total
Fers			
Boulons reliant les consoles aux poteaux	2	0.306	2.62
— les supports aux poteaux	6	0.210	1.056
— les consoles aux poteaux	5	0.156	1.250
— les consoles aux poteaux et aux poulies	5	0.236	1.125
— les consoles aux poteaux et aux poulies	5	0.348	1.052
— les pièces moisées	4	0.040	0.000
— les traverses	40	0.110	0.373
— les traverses aux consoles	4	0.063	0.254
— les traverses aux tringles de suspension	6	0.135	0.306
Tire-fonds	21	0.110	0.150
Boulons fixant les consoles au mur	4	0.220	0.473
Tringles de suspension	4	0.445	0.000
—	6	1.533	7.390
Sellettes des tringles	11	»	1.700
Tirants des poutres (écrous compris)	8	2.210	29.125
Étriers doubles	2	»	11.500
Poids total du fer			379.910

Fers à T de $\frac{0.110}{0.010}$			
Fers de 35 k. le mètre courant	8	5.408	112.306	294.790
	6	3.617	119.301	716.190
	2	2.643	104 170	204.270
	10	4.090	133 690	1.336.800
Poids total des fers à T			3.553.720

DÉSIGNATION DES PIÈCES				POIDS OU CUBE	
				par pièce	TOTAL
Fontes					
Consoles de $\frac{4.800}{1.600}$	6	»	»	62.090	372.390
— de $\frac{4.000}{0.275}$	2	»	»	72.500	145.000
Sabots à clame des tirants	6	»	»	33.730	202.500
—	4	»	»	22.640	90.790
— de joint	6	»	»	6.320	37.994
— Intermédiaires	20	»	»	5.147	102.940
Supports des tirants	6	»	»	30.950	227.000
Poids total de la fonte					1.978.200

Bois					
Poutres armées	4	8.300	0.520	0.250	05.102	20.780
Poteaux	2	1.725	0.250	0.250	00.913	05.906
Traverse sous l'auvent	4	6.000	»	0.110	03.880	05.520
Pièces moisées	4	3.000	»	0.100	00.730	02.880
Cube total des bois						34.906

Maçonneries					
Dés en pierre de taille	2	0.500	0.200	0.250	0.165	0.250
Massifs en maçonnerie	2	1.000	1.000	1.000	1.000	2.000
Cube total de la Maçonnerie						2.250

PLANCHE 24

GARE DE SAINT-AMAND

CHEMIN DE FER D'ORLÉANS (Réseau central)

M. ROUGEMONT, Architecte

La gare de Saint-Amand, sur la ligne de Bourges à Montluçon, située au milieu environ du parcours entre ces deux villes, dessert une localité riche et commerçante, aussi l'ensemble des services établis sur ce point a-t-il reçu un certain développement. Un bâtiment des voyageurs, grand type, et ses annexes, une remise de voitures, une grande halle et un quai pour les marchandises sont placés du côté de la ville; au point de vue du service de la traction, l'installation est complétée au moyen d'un réservoir et de deux grues d'alimentation approvisionnés par une machine à vapeur établie à peu de distance de la gare.

Les trottoirs, au droit du bâtiment des voyageurs, sont abrités par des marquises.

PLANCHES 25, 26, 27

BATIMENT DES VOYAGEURS DE SAINT-AMAND

CHEMIN DE FER D'ORLÉANS (Réseau central)

M. ROUGEMONT, Architecte

Le rez-de-chaussée est entièrement affecté au service; à gauche les salles de voyageurs, à droite les bureaux, une lamisterie et un corps de garde; dans la partie centrale, un grand vestibule pour la distribution des billets et l'enregistrement des bagages. La disposition adoptée pour la table à bagages divise le stationnement des voyageurs, laisse une plus facile circulation entre le bureau des billets et celui de l'enregistrement et donne à cette table tout le développement possible.

Une telle disposition permet en outre de livrer un accès direct dans le vestibule aux voyageurs qui, à l'arrivée, ont des bagages à retirer.

Au premier étage se trouve le logement du chef de gare. Au-dessus, la forme du comble permet d'établir des logements pour les facteurs.

Le soubassement, les cordons, l'acrotère, les jambages des portes et les appuis des croisées sont en calcaire des carrières de Celle-Bruère, situées à 8 kilomètres de Saint-Amand; les pilastres, les archivoltes et autres détails moulurés sont en calcaire de Saint-Aignan (Loir-et-Cher). Tout le reste de la maçonnerie est en moellons ordinaires. Toutefois les deux trumeaux adjacents à la porte centrale sont construits en pierre de taille, formant parpaing, pour résister à la pression assez considérable des poutres maîtresses du plancher du premier étage que supportent ces trumeaux.

Avec la disposition adoptée pour le vestibule, quelques supports isolés devenaient nécessaires pour soutenir le plancher du premier étage, mais les divers inconvénients que présentent les moyens de ce genre dans les salles où la circulation en tous sens devrait être absolument libre, ont fait préférer un autre système de construction.

Le plancher est porté par deux poutres en tôle et cornières à section transversale en I; des lambourdes en bois sont attachées latéralement à la partie métallique au moyen de boulons que soulagent de distance en distance des corbelets en fer; tout le reste du plancher est en bois et construit dans les conditions ordinaires.

Le bâtiment de voyageurs de Saint-Amand a coûté 67,700 fr.

PLANCHE 28

STATION DE GOUSSAINVILLE

CHEMIN DE FER DU NORD (Section de Paris à Creil)

M. LEJEUNE, Architecte

Cette station de deuxième classe fait partie des types nouveaux construits par M. Lejeune. Nous avons décrit plus loin la station de Pontoise, station de première classe, il n'y a donc pour savoir la dépense de cette station qu'à faire la comparaison des surfaces. Alors on pourra se rendre compte de la dépense par mètre superficiel.

PLANCHE 29

REMISE DE LOCOMOTIVES

CHEMIN DE FER DE L'EST

M. GRILLOT, Architecte

Nous pensions pouvoir donner un travail complet de cette remise; les renseignements nous ont manqué par suite de la mort de M. Grillot.

PLANCHES 30, 31

ROTONDE DE MOHON

Charpente en fer

CHEMIN DE FER DES ARDENNES

M. LABALAIS, Architecte

Cette rotonde, comme celle publiée au commencement de ce volume, a pour diamètre 50 mètres; en somme la construction est la même, sauf que les fermes sont en fer.

La planche 30 donne la moitié du plan, une coupe et une élévation; la planche 31 donne la projection verticale d'un arbalétrier, la projection horizontale d'une travée, un détail du pied de l'arbalétrier et d'une coupe sur une ferme.

La couverture est en ardoises, partie en zinc, comme à la rotonde, avec charpente en bois, est clouée sur voliges en peuplier de $0^m,015^m/_m$ d'épaisseur et de $0^m,10$ de largeur, espacées de $0^m,02$.

Ces voliges sont clouées elles-mêmes sur des chevrons, également en peuplier, espacés de $0^m,40$ d'axe en axe, de $0^m,06$ d'épaisseur sur $0^m,08$ de hauteur et de la longueur de chacune des portées des pannes en fer. Chaque extrémité de ces chevrons présente une entaille de $0^m,03$ de profondeur et de $0^m,04$ de longueur destinée à buter fortement contre les pannes en fer, et à permettre ainsi de forcer le bois pour lui faire éprouver la courbe de la ferme. Afin d'empêcher les chevrons de se redresser, de petites bandelettes de fer de $0^m,10$ de longueur, $0^m,04$ de largeur et $0^m,004$ d'épaisseur sont clouées sur les extrémités des chevrons, de manière à dépasser de $0^m,04$ l'entaille de ces chevrons et prendre en dessous la côte du fer à T des pannes; ces petites brides ont aussi pour résultat de s'opposer à ce que des coups de vent violents, pénétrant dans l'intérieur de la rotonde, soulèvent des parties de toiture.

Toute la première zone de chevrons, près les chéneaux, est reliée à la deuxième au moyen d'une seconde bande de fer de même épaisseur et de même largeur que celle ci-dessus et de 0^m,22 de longueur, clouée à chacune de ses extrémités.

Les chevrons de cette première zone sont droits afin de ne pas faire éprouver à la sablière du chéneau un effort qu'elle ne pourrait supporter sans se déformer.

Cette sablière en peuplier a 0^m,11 de largeur sur 0^m,14 de hauteur.

Le tasseau longeant le dessus de chacune des fermes en fer a 0^m,05 sur 0^m,03; il est relié à cette ferme au moyen de brides en fer de la forme indiquée à la coupe CD planche 31, de 0^m,08 et de 0^m,004 1/2, d'épaisseur.

Ces brides sont espacées de 1^m,50 en 1^m,50. Le dessus de la lanterne reçoit des fers à vitrage écartés de 0^m,38 d'axe en axe et dont la courbe épouse celle des fermes de la lanterne.

Au pied de la lanterne, et suivant la circonférence de cette lanterne est placé un madrier de 0^m,25 de hauteur et 0^m,05 d'épaisseur, appuyant sur la volige et recouvert de zinc n° 14, formant recouvrement de 0^m,05 à 0^m,06 à l'intérieur et cloué sur la pièce de bois.

Les parties latérales de la lanterne sont à jour.

Le chéneau est semblable à celui de la rotonde dont le comble est en bois.

PLANCHE 32

MAISON DE GARDE AVEC ANNEXE

CHEMIN DE FER D'ORLÉANS (Réseau central)

M. ROUGEMONT, Architecte

Ce type est conforme aux constructions de même espèce établies sur la plupart des lignes de la Compagnie d'Orléans.

On y a ajouté, pour le réseau central, une annexe contenant des lieux d'aisances et un petit dépôt d'outils.

Le prix de chaque maison est, avec l'annexe, de 5,400 francs.

PLANCHE 33

PAVILLON POUR CABINETS D'AISANCES

CHEMIN DE FER D'ORLÉANS (Réseau central)

M. ROUGEMONT, Architecte

Cette construction, peut-être un peu plus importante que ne semblerait le comporter sa destination pour des stations de troisième et quatrième ordre, n'a reçu une certaine extension qu'en vue d'y établir, sans trop de frais et à proximité du bâtiment des voyageurs, un petit magasin. Dans les stations pourvues d'une alimentation, une borne-fontaine est installée sur le côté opposé à l'entrée de ce magasin.

Le socle est en pierre dure; en élévation les détails apparents sont en pierre calcaire de Saint-Aignan, d'un taillage très-facile; les murs, en briques du pays, sont enduits à l'extérieur en mortier fouetté à la truelle; l'épaisseur de cet enduit produit une légère saillie sur les marges en pierre qui l'encadrent en formant panneaux.

L'ensemble de l'installation coûte 3,600 francs.

PLANCHE 34

ABRI DE LA STATION DE SAINT-FLORENT

CHEMIN DE FER D'ORLÉANS (Réseau central)

M. ROUGEMONT, Architecte

La station de Saint-Florent est limitée, à droite et à gauche de la voie, par des chemins latéraux; du côté de l'abri, le chemin adjacent n'est séparé du trottoir que par la clôture et le fossé. Cette disposition impliquait l'adoption d'un type faisant le moins possible saillie sur le trottoir.

Le socle est en pierre dure, les pilastres et le couronnement sont en calcaire de Saint-Aignan. Le reste des maçonneries, en élévation, est en briques du pays. Les panneaux formés par la pierre de taille sont recouverts à l'extérieur par un crépi fouetté en mortier faisant saillie sur les marges en pierre; à l'intérieur, par un enduit en plâtre de Paris, peint à l'huile.

Cette petite construction a coûté en moyenne 1,400 francs.

PLANCHES 35, 36

GARE DE METZ

CHEMIN DE FER DE STRASBOURG (Embranchement de Frouard à Metz)

M. GAULOT, Architecte

La gare de Metz se trouvant dans l'enceinte des fortifications (Metz étant une place de guerre), l'architecte a été obligé de construire cette gare en bois et en briques. Les deux planches que nous donnons complètent la partie publiée dans notre premier volume. La gare de Metz se trouve à 50 kilomètres de Frouard, qui est le point d'embranchement avec la ligne de Paris à Strasbourg.

PLANCHES 37, 38

MAISON DE GARDE

CHEMIN DE FER OUEST-SUISSE

Ce type de maison de garde, genre chalet, est d'un heureux effet et, de plus, très-complet au point de vue du confortable. Cabinets d'aisances dans l'intérieur. Dans la planche 37, nous donnons un plan de cave, un plan du rez-de-chaussée, une coupe transversale et une coupe longitudinale des fondations. La planche 38 représente une élévation sur la voie et une coupe transversale.

PLANCHE 39
ABRI
CHEMIN DE FER DES ARDENNES
M. Langlais, Architecte

Ce petit abri bien étudié au point de vue de la couverture, planche 39 fera voir tous les détails de la construction. On remarquera que le voyageur, par suite de la disposition prise par M. Langlais, peut monter en wagon à couvert.
Le prix de revient de cette construction est assez cher en raison des fondations : 30,544 fr. 74 c.

En fondation   8,688 f. 22 c.
En élévation   21,856   52

PLANCHES 40, 41
HALLE A MARCHANDISES
CHEMIN DE FER DES ARDENNES
M. Langlais, Architecte

Cette Halle, d'une longueur de 76 mètres, est composée de dix-neuf travées. La planche 40 donne un plan de cette halle et une façade longitudinale. La planche 41 représente les deux pignons, deux coupes transversales afin de faire voir les deux extrémités de cette halle, une coupe longitudinale dans l'axe du bâtiment et enfin une coupe EF, représentant une face latérale, en supposant l'auvent coupé.
Cette halle revient à la somme de 124,723 fr. 75 c.

En fondation   22,123 f. 02 c.
En élévation   102,200   73

PLANCHES 42, 43, 44, 45
GARE DE PADDINGTON A LONDRES
GREAT-WESTERN-RAILWAY
M. Digby Wyatt, Architecte

Paddington-station, gare de tête du Great-Western, le chemin à grande voie de Brunel, a été construite en 1851. C'est un édifice très-intéressant et dont l'étude est pleine d'enseignement. On y sent la recherche de l'homme qui pense librement, et qui aime à conserver dans ses œuvres l'empreinte de cette liberté, sans laquelle l'art vrai ne se formule jamais. Il y a, du reste, un épisode saisissant par son caractère dans la manière dont ces travaux furent confiés à M. Digby Wyatt. Brunel achevait son grand chemin ; il avait conçu et réalisé la large voie à laquelle était réservé l'insuccès industriel, mais à laquelle l'avenir des trafics excessifs devait donner raison ; il avait installé la curieuse manutention mécanique de la gare des marchandises à Paddington ; mais il lui restait à faire l'édifice consacré au service des voyageurs, la tête monumentale de sa ligne. Dans cet esprit si chercheur et si devancier, il y avait une place réservée au sentiment des arts. Il comprenait que tout n'est pas dit dans les œuvres durables de l'homme, quand a été prévu, calculé, mesuré, coté chaque partie selon le rôle mécanique qu'y doit jouer la matière. Il sentait que la pondération de la valeur réciproque de toutes ces parties entre elles, résultant d'une appréciation très-fine de la manière dont les matériaux frappent l'œil par leur contexture, leur couleur et l'allure qui est propre à chacun d'eux, constitue un champ d'études longues et approfondies, au bout desquelles se trouve l'harmonie des formes. Il aimait cette harmonie, la recherchait journellement en tout, et vraisemblablement la désirait pour le couronnement de son œuvre d'ingénieur.
Mais il savait aussi qu'elle ne naît que dans la méditation prolongée d'une même chose, et qu'il n'avait pas en lui le loisir de cette ressource nécessaire aux œuvres d'art. Comme membre de la commission royale de l'Exposition de 1851, il avait été à même de remarquer M. Digby Wyatt, l'un des architectes de cette vaste entreprise. M. Wyatt possédait alors tout le talent dont il fait preuve journellement ; mais, plus jeune, il n'avait pas la position considérable qu'il occupe aujourd'hui. Brunel le fit venir et lui dit : « J'ai un grand hangar à faire, c'est ma gare de Paddington. Je veux vous donner ce travail. Je désire que vous poursuiviez cette œuvre, non comme une occasion pour vous de montrer ce que vous pouvez savoir des monuments grecs, des romains ou des gothiques, mais pour faire une belle et bonne gare. Il y a dans cette question trop de conditions spéciales et neuves pour qu'une étude sincère et libre n'en tire pas un excellent parti et un édifice intéressant. Nous travaillerons ensemble. »
Et c'est en effet, de cette communication du grand ingénieur et de l'habile artiste qu'est sorti Paddington-station. Malheureusement pour l'œuvre et les auteurs, les capitaux manquaient souvent, et la plus grande part de leurs efforts était donnée à tourner, puisqu'on ne pouvait le franchir, ce grand obstacle.
A l'ampleur du plan et au développement du vaisseau, on reconnaît que les auteurs avaient mesuré juste ainsi ce qu'allait conquérir d'importance l'édifice de tête des grandes voies de fer.
C'était une réaction alors en Angleterre que de prendre ainsi la question à côté des petits et modestes abris ménagés jusque-là aux voyageurs. C'était voir juste aussi que mettre dans la halle même tout le luxe de l'œuvre plutôt que de faire, comme cela se voyait encore, de gigantesques portes monumentales, promettant beaucoup et ne donnant entrée qu'à de misérables hangars. La grande halle de Paddington se préparait en même temps qu'en France la gare de Lyon. Dans ces deux pays on poussait donc à l'espace, mais bien plus de l'autre côté de la Manche que chez nous. D'ailleurs une grande différence séparait les deux programmes. Nos voisins, comme on le sait, suppriment ou évitent d'inventer, tant qu'ils le peuvent, tout ce qui est préventif, toute organisation qui substitue la sagesse prévue, réglée et légiférée, à la sagesse et à la prudence expérimentée que chacun doit acquérir pour exister en société. Nous qui vivons dans des idées si opposées et qui pratiquons la marche en lisière de tous nos publics, nous avons, aux abords de nos chemins de fer, de beaux vestibules qui donnent accès à d'immenses salles d'attente, divisées en classes, où l'on doit rester cantonné sous l'œil vigilant du gardien protecteur, jusqu'à l'heure exactement sifflée qui vous ouvre les portes de la gare en même temps que celles du wagon. Au retour, vous retrouvez une autre salle d'attente qui vous conduit par une porte qu'on ouvre comme une ventelle d'écluse, dans le lieu très-vaste et très-bien distribué, où, toutes manœuvres faites, vous

retrouvez longuement, mais sûrement votre bagage[1]. Chaque système a ses avantages et ses inconvénients. Là-bas, le voyageur accède librement jusqu'au quai de la gare; il a pris son billet en passant devant le bureau, et il cause encore, une main sur la poignée du wagon, l'autre dans celle de son ami, quand se fait entendre le sifflet du départ. A l'arrivée, son bagage sort sur le quai, où il le prend immédiatement.

De ces deux solutions, dont la moins embarrassante, même devant les grosses foules, n'est pas celle qui paraît la mieux réglée, doivent naître des édifices bien différents. La gare française est forcément encombrée de constructions pleines et pressées sur tout le pourtour de la halle. La gare anglaise reste libre, au contraire, sur son périmètre presque entier.

Le Great-Western entre en déblai dans Londres. On descend donc à Paddington-station pour le départ; on remonte, à l'arrivée, pour rentrer en ville. Du reste, les accès et les sorties sont, avec des pentes inverses, disposés comme à la gare du chemin de fer de Lyon, à Mazas. Sur les côtés de l'édifice, les voitures sont à couvert sous de vastes marquises vitrées de 18 mètres de largeur. On entre directement sous les vestibules, où l'on prend son billet, et l'on pénètre droit dans la halle. Ici l'aspect est saisissant : les proportions grandes, l'œuvre hardie, les moyens nouveaux, la couleur de l'ensemble fortement accusée. Trois grands vaisseaux, que l'entrée prend en flanc, courent parallèlement sur une longueur de 215 mètres; les deux extrêmes ont 21^m 33 de largeur; celui du milieu, 30^m 50. Ils sont couverts par des toits courbes en forme d'ellipse, dont la montée n'est guère que les trois huitièmes de la portée. Les arcs naissent à 5^m 15 du sol, et sont faits en tôle avec cornières formant double T. Ils sont espacés de 3^m 05, mais reposent (entre les vaisseaux) sur un entablement soutenu par une file de colonnes distantes de 9^m 15, ce qui laisse deux fermes sur quatre en porte-à-faux.

La couverture est en tôle ondulée; mais les plis sont horizontaux, contrairement à ce que nous avons fait en France. Le jour vient dans la gare par des châssis à la Paxton, placés de deux en deux fermes sur la partie haute du toit. Voilà les combles courant sur les trois vaisseaux parallèles.

Les extrémités de ces derniers sont closes, à la partie supérieure, par des vitrages traversés de rinceaux en fer. Cet ensemble est coupé transversalement par deux transepts correspondant aux entrées du public et de la reine. L'éclatante lumière qui descend des fermes complètement vitrées, et joue dans les fermes diagonales, sur lesquelles s'appuient les baies, closes en bow-windors, qui occupent les tympans des transepts et qui accusent les entrées, l'agencement original et habilement traité des châssis des fermes, les fontes rapportées sur les fers des arcs pour fortifier l'œil à la naissance de ces soutiens, les chapiteaux solides et nerveux des colonnes, constituent un des couverts les plus curieux que nous ayons jamais vus. On y trouve un air d'aisance qui vient accompagner avec grande harmonie la proportion des vastes trottoirs offerts aux voyageurs[2]. Mais il faut y signaler surtout, ce que nous ne rencontrons nulle part en France encore, et ce qui donne le vrai caractère de cette construction : le franc parti pris et réalisé de traiter autrement que par une ordonnance régulière la paroi verticale intérieure de l'œuvre. Le motif des entrées, dominant le reste en hauteur et en saillie,

[1]. à la gare de chemin de fer de Vincennes à Paris, on laisse circuler, aujourd'hui, librement le voyageur jusqu'en wagon.
[2] Les trottoirs ont 3^m.85 de largeur, à notre gare du chemin de fer de Lyon, à Paris, les trottoirs n'ont que 2^m,50.

conduit le public dans ses mouvements et satisfait d'autant plus l'œil et l'esprit du critique, que l'artiste a su suivre sa bonne pensée avec courage jusqu'au bout, en éclairant d'une tranchante lumière toute la largeur de la gare au droit de ces points remarquables. La gare de Paddington ne saurait être trop étudiée par nos architectes de chemins de fer; ils y oublieront comme nous, nous en sommes certain, quelque laisser-aller de détail un peu vulgaire, pour ne voir qu'une expression d'art dans laquelle toutes les grandes lignes sont en place et en valeur. Nous sommes pour notre part heureux d'y avoir compris la nature du talent de M. Digby Wyatt, et d'avoir dû à son cordial accueil la trace du souvenir qu'il conserva d'un moment remarquable de la belle vie de Brunel.

Ces renseignements sont empruntés à une brochure de M. Émile Trélat ayant pour titre : *Études architecturales à Londres en 1862.*

PLANCHE 46

STATION DE GAND

CHEMINS DE FER DE L'ÉTAT BELGE
(Ligne de l'Ouest)

M. PAYEN, Architecte

Le plan que nous donnons ressemble un peu à certains types français, sauf l'arrangement des buffets situés dans les salles d'attente, cette disposition nouvelle est assez heureuse. La seule chose à redire c'est que nous trouvons les entrées trop étroites, même défaut qu'en France.

PLANCHE 47

ABRI

CHEMIN DE FER DU NORD

M. LEJEUNE, Architecte

Ce type d'une grande simplicité s'emploie généralement sur un quai situé entre deux lignes, avec ce système on peut lui donner une travée comme dans l'exemple que nous publions, ou bien lui en donner plusieurs en raison des besoins, suivant l'importance de la bifurcation. Notre planche donne un plan, une élévation, une coupe transversale et un détail de la poutre, les colonnes servent de tuyaux de descente, la ferme ayant 10^{m}30 de portée et reposant sur les colonnes en fonte, est composée d'un châssis formé de pièces en bois de 0^m.10 sur 0^m.12. Elle est cintrée et l'âme de cette ferme est composée d'un treillage dont les mailles ont 0^m.05 et de lames 0^m.05 sur 0^m.02.

PLANCHE 48

ABRI

CHEMIN DE FER D'ORLÉANS (Réseau central)

M. ROUSSEMONT, Architecte

L'abri de la station d'Uriel, sur la ligne de Montluçon à Limoges, appartient au type du réseau central étudié principalement pour le cas où la face antérieure de la construction est défavorablement orientée.

Les murs, retournés parallèlement à la voie protégent les bancs placés à l'intérieur, contre les pignons, un rideau clôt avec la partie supérieure de l'entrée jusqu'à 2m.30 au-dessus du seuil et garantit le banc placé en face de cette ouverture.

Le mode de construction et la nature des matériaux sont les mêmes que pour l'abri ouvert, planche 34.

Cet abri coûte 2,600 francs.

PLANCHES 49, 50, 51, 52

GARE ANCIENNE DES VOYAGEURS DE PARIS

CHEMIN DE FER DU NORD

M. Reynaud, Architecte

La planche 49 montre le plan de la gare, ainsi que les terrains, les rues et la place qui l'avoisinent. La longueur totale de la gare est de 500 mètres et la surface de 79,375 mètres. La planche 50 donne son élévation principale, celle qui fait face à la ville; et son élévation postérieure, celle qui regarde le chemin de fer. Dans les planches 51 et 52, on trouvera les détails de construction de la grande halle qui abrite les voyageurs et les convois au départ et à l'arrivée.

A droite et à gauche du plan (planche 49), nous avons écrit des légendes, et chaque fois que l'échelle de notre dessin nous l'a permis, nous avons inscrit les noms et désigné la destination des diverses parties de la gare.

Le vestibule de la gare a 11 mètres sur 70. La salle d'attente, mesure 11 mètres sur 34m.40. La grande halle a 34m.40 de largeur dans œuvre sur 133m.65 de longueur. Elle est divisée en deux nefs sur sa longueur par une suite de colonnes en fonte qui supportent les fermes de la charpente. La couverture est formée par deux combles; chacun a deux égouts, et un chéneau longitudinal règne par conséquent au-dessus de la file des colonnes. Les eaux qui s'y réunissent s'écoulent par les colonnes elles-mêmes qui les rejettent au dehors dans l'un des égouts de la ville.

A son extrémité, la halle est ouverte par deux grands arcs en maçonnerie de pierre de taille (Voy. pl. 50). Cette partie de l'établissement contient sur sa largeur six voies de fer et deux trottoirs de 3 mètres de largeur chacun.

Toute la charpente est exécutée en sapin, sauf les blochets qui sont en chêne.

Voici les équarrissages des diverses pièces qui la composent :

Désignation des pièces	Hauteur	Épaisseur
Arbalétriers.	0.25	0.13
Moises formant blochets	0.22	0.13
Jambes de force.	0.21	0.13
Entrait.	0.22	0.13
Poinçons.	0.22	0.13
Sous-arbalétriers.	0.21	0.13
Contre-fiches.	0.18	0.13
Liens de faîtage.	0.18	0.13
Faîtage.	0.25	0.22
Pannes.	0.25	0.20
Sablières.	0.22	0.13
Chevrons.	0.08	0.08

Les fermes sont espacées de 5 mètres de milieu en milieu, à l'exception des deux premières, dont les espacements ont été portés, pour raison de service, à 6m.70 et à 6 mètres. Les pannes ont été doublées dans ces travées exceptionnelles. Le tirant est en fer de 0.032 de diamètre. Il est soutenu dans son milieu par une aiguille en fer de 0.018 de diamètre, et il est taraudé à ses deux extrémités afin que l'on puisse régler sa tension.

Les pannes sont entaillées au droit des arbalétriers; elles sont maintenues chacune par deux échantignolles sur chaque ferme, de manière qu'elles ne puissent être soulevées. Le même motif a engagé à fixer les chevrons sur les pannes au moyen de clous de fortes dimensions.

Les différentes pièces composant chaque cours de pannes ou de faîtage sont assemblées entre elles à trait de Jupiter.

On s'est attaché, en un mot, à rendre toutes les pièces solidaires, afin de les maintenir contre l'action du vent s'engouffrant dans la halle par les deux grands arcs ouverts à son extrémité.

Cette halle présente une surface de 4,397m.56 dans œuvre.

Le cube total de la charpente, chevrons compris est de 313 m. c. 513, dont 14 m. c. 650 en bois de chêne.

Les colonnes de fonte n'auraient pu être fondues d'un seul morceau que très-difficilement; aussi les a-t-on composées de deux parties, et cette disposition a eu l'avantage de faciliter le levage de la charpente. La première de ces parties est cylindrique (voy. pour ce qui suit immédiatement, les fig. 3 et 5 pl. 51 et les fig. 1 et 2 pl. 52); la seconde est prismatique, sa section est un carré dont les angles sont abattus.

Elles s'assemblent à emboîtement et sont fixées l'une à l'autre par quatre boulons placés dans les angles du tailloir du chapiteau.

On a interposé entre les deux plans qui s'appuient l'un contre l'autre un plateau en feutre goudronné de 0m.005 d'épaisseur environ, afin de répartir la pression aussi conformément que possible.

La seconde partie de la colonne porte à son pied quatre oreilles contre lesquelles sont reçues les jambes de force des fermes. A son sommet elle présente deux longues oreilles horizontales qui sont moisées sur les sablières de la charpente; elles y sont boulonnées et ont pour but de s'opposer au roulement du système.

En consultant les planches 51 et 52 on se rendra aisément compte de ces dispositions. Ainsi :

Pl. 51, fig. 1, représente une coupe de l'ensemble de la halle.

Fig. 2, coupe et élévation de la base de la colonne.

Fig. 3, coupe et élévation du chapiteau de la première partie;

Fig. 4, un détail indiquant le boulon d'assemblage des deux parties du chapiteau;

Fig. 5, la moitié du plan du chapiteau vu en dessous;

Fig. 6, le côté gauche de cette figure montre la disposition de la seconde partie de la colonne vue en dessous; le côté droit est un fragment du plan du chapiteau vu en dessus;

Fig. 3, coupe et élévation du chapiteau de la seconde partie de la colonne.

Fig. 7, plan de ce chapiteau vu en dessous.

Pl. 52, fig. 1, 2, élévation et plan de l'extrémité de la seconde partie de la colonne. Des lignes ponctuées représentent les pièces de bois de la charpente et montrent comment elles embrassent la pièce de fonte; les pièces du bas qui reposent immédiatement sur le chapiteau sont les blochets; celles du haut qui sont boulonnées aux oreilles horizontales sont les sablières.

Les autres figures de cette planche donnent les détails de divers assemblages de la charpente.

Fig. 3 et 4 donnent la coupe et le plan d'un des sabots en fonte qui reçoivent les pieds des contre-fiches s'appuyant sur les murs d'enceinte;

Fig. 5 et 6 l'élévation et le plan d'une des ancres qui arrêtent les blochets sur les murs;

Fig. 7 et 8 les brides et équerres rattachant l'entrait aux arbalétriers;

Fig. 9 et 10 l'élévation et la coupe des ferrures du poinçon et de l'aiguille pendante;

Fig. 11 et 12 le système d'attache du tirant en fer aux blochets.

PLANCHE 53
BATIMENTS DES MACHINES D'ALIMENTATION
CHEMIN DE FER D'ORLÉANS (Réseau central)
M. Roquemont, Architecte

Les bâtiments des machines d'alimentation de la ligne de Bourges à Montluçon contiennent une machine horizontale de la force de 6 chevaux et son générateur; à droite de la machine est une fosse pour les tuyaux d'aspiration et de refoulement recouverte d'un plancher volant qui permet la visite et les réparations de la tubulure, un dépôt pour le combustible a été ménagé du côté du pignon.

Le socle est en moellons de parement, les angles, les jambages, les appuis sont en pierre de taille; sous la toiture, les bandeaux sont obtenus au moyen d'un renformis en plâtre de Paris.

Les murs en maçonnerie ordinaire sont fouettés en mortier de chaux et de sable.

Afin de donner toute la solidité possible aux scellements des armatures du générateur, des dés en pierre de taille ont été placés aux points de pénétration des tirants qui, sur la face extérieure des murs, sont amarrés au moyen d'un écrou reposant sur une large rondelle en fonte.

Le bâtiment a coûté 4,700 fr.; la cheminée revient à 1,000 fr., en tout 5,700 fr.

PLANCHES 54, 55
STATION DE VILLENEUVE
CHEMIN DE FER OUEST-SUISSE

La station de Villeneuve est un type de 2ᵉ classe; la planche 54 donne un plan général de la station, le plan des fondations, rez-de-chaussée et combles du bâtiment des voyageurs. La planche 55 donne l'élévation sur la voie et une face latérale.

PLANCHE 56
RÉSERVOIR (Station de Sedan)
CHEMIN DE FER DES ARDENNES
M. Langlais, Architecte

Cette disposition toute particulière est très-réussie; notre planche 56 fait comprendre la disposition du terrain sur lequel ce réservoir a été construit. Nous regrettons de ne pouvoir donner la dépense de cette construction.

PLANCHES 57, 58, 59
ROTONDE D'IVRY
CHEMIN DE FER D'ORLÉANS
M. Renaud, Architecte

Cette remise, ancienne déjà comme construction, servira de comparaison avec les différents types nouveaux publiés dans ce volume; il y en existe deux semblables à la gare d'Ivry. Le plan général de cette gare à marchandises et ateliers se trouve publié dans le premier volume. Cette remise contient 25 machines.

PLANCHES 60, 61, 62, 63, 64
VICTORIA STATION PIMLICO

Comme toutes les gares anglaises, le bâtiment des voyageurs offre peu d'intérêt : les salles d'attente ont très-peu d'importance; le voyageur entre directement sur le quai, se promène ou monte de suite dans le train qu'il doit prendre; la surface couverte de cette gare est moins grande que la gare de Paddington. La planche 61 donne une coupe transversale faisant voir la disposition des fermes du grand vaisseau, et un détail à plus grande échelle de la ferme intermédiaire qui relie les travées dans le sens longitudinal. L'on remarquera que dans cette gare les voies sont disposées de manière à recevoir des trains dont la dimension des wagons comme largeur est différente.

La planche 62 donne les détails d'une colonne avec l'assemblage du chéneau.

Les planches 63 et 64 feront comprendre les différents assemblages de la toiture.

PLANCHES 65, 66
BARRIÈRE EN FER
CHEMIN DE FER DU NORD

Les deux planches que nous donnons représentent un type de barrière en fer avec contre-barrière; elle a été exécutée à Rue, Aire, Esquelbecq et Pont de Brignes; la barrière a coûté 500 fr., la contre-barrière 300 fr., ce qui donne pour prix total 800 fr.

PLANCHE 67
REMISE DES VOITURES DE LA GARE SAINT-AMAND
CHEMIN DE FER D'ORLÉANS (Réseau central)
M. Roquemont, Architecte

Cette construction, destinée à abriter six voitures, est desservie par un chariot placé parallèlement au pignon; trois fermes, reposant sur des contreforts en pierre reliés par des murs de faible épaisseur, composent le système de la construction; la face postérieure est fermée par un pignon en maçonnerie où l'on a disposé des ouvertures destinées à éclairer cette partie de la remise.

Le socle de 0,60 de hauteur, les contreforts, les jambages et les appuis des baies sont en pierre calcaire de la Celle-Bruère, les bandeaux des pignons sont formés par une surcharge en plâtre de Paris. Les faces extérieures sont enduites en mortier fouetté.

La ferme de tête est recouverte d'un rideau en planches de sapin avec couvre-joints. La toiture est en ardoises d'Angers.

Établies en un point de la station où le sol naturel est recouvert d'un remblai de 4 mètres environ de hauteur, les fondations sont formées d'une série d'arceaux reposant sur des piles en maçonnerie placées dans l'axe de chaque contrefort.

Le prix de revient est de 47 francs par mètre de surface.

PLANCHE 68
STATION D'AUXONNE
CHEMIN DE FER DE LYON
M. Ducat, Architecte.

Nous ne donnons de la gare d'Auxonne que les plans; n'ayant pu, d'après les renseignements qui nous avaient été communiqués, reconstituer un travail complet. Cette construction, déjà ancienne, n'offre qu'un intérêt secondaire. Nous ne la discuterons donc pas.

PLANCHES 69, 70, 71
REMISE DE LOCOMOTIVES (Gare de Laurière)
CHEMIN DE FER D'ORLÉANS
M. Rocquemont, Architecte

La gare de Laurière est placée au point de rencontre de la ligne de Montluçon à Limoges et du chemin de fer de Paris à Bordeaux, par Vierzon, Châteauroux, Limoges et Périgueux. Un dépôt de machines y a été établi pour les trains se dirigeant sur Montluçon; l'installation est complétée par un atelier de petit entretien et un logement de chef de dépôt, avec bureau, magasin, etc.

Le plan d'ensemble de la remise est circulaire et son développement total peut contenir 44 machines. Toutefois, la surface occupée par la construction actuelle ne comprend que seize fosses; mais en vue d'un agrandissement ultérieur, l'un des pignons a été élevé en charpente, de manière à pouvoir être démonté et reposé facilement sur une nouvelle travée au fur et à mesure de l'allongement successif du bâtiment.

Des bornes fontaines ont été placées de deux en deux travées, de manière à pouvoir chacune au lavage de deux machines.

De grandes baies ouvertes dans les pignons, le comble et le périmètre extérieur, répondent à la nécessité d'éclairer le plus largement possible et de tous les côtés l'intérieur d'une remise de ce genre.

Les châssis qui ferment ces baies sont en fer.

La dépense par mètre carré de surface couverte par la remise est de 96 fr. Ce prix comprend les fosses et l'ensemble des aqueducs pour l'écoulement des eaux.

PLANCHES 72, 73, 74, 75
GARE DE BESANÇON
CHEMIN DE FER DE DIJON A BELFORT
M. Ducat, Architecte.

Cette gare peut être considérée comme celle de Metz, publiée dans notre premier volume; cette gare se trouve complétement dans les mêmes dispositions, c'est-à-dire que, se trouvant dans l'enceinte des fortifications, l'architecte a été obligé de construire cette gare en bois et briques. La planche 72 fait voir le plan et une élévation sur la cour; la planche 73 représente une coupe transversale; la planche 74 donne le détail de la partie milieu; la planche 75 fait voir à plus grande échelle les détails de la menuiserie du motif milieu.

PLANCHES 76, 77
BATIMENT D'ALIMENTATION
CHEMIN DE FER DE PARIS A LYON
(Par le Bourbonnais)
M. Favre, Architecte

Les caves et le rez-de-chaussée de ce bâtiment sont occupés exclusivement par la machine et les bouilleurs. Le premier étage, formant logement, n'occupe qu'une surface de 87 m. 75.

L'installation de la machine comprend la construction de la cheminée, les fondations et toute la construction nécessaire à fixer la machine et ses bouilleurs.

La surface de ce bâtiment est de 133 m. 45.

Le prix de revient de ce bâtiment étant de 19,633 fr. 66 c., le prix du mètre superficiel est de 147 fr. 10 c.

La dépense pour l'installation de la machine est de 6,250 fr. 12 c.

PLANCHES 78, 79
HALLE DES MARCHANDISES DE SAINT-AMAND
CHEMIN DE FER D'ORLÉANS (Réseau central)
M. Rocquemont, Architecte

La halle des marchandises de Saint-Amand se compose de 5 travées de 5 m. chacune, avec possibilité d'allongement; le pignon du côté opposé au bureau étant fermé seulement par une cloison en charpente revêtue extérieurement en planches de sapin.

Sous la halle pénètre une voie pour le chargement et le déchargement des wagons le long d'un quai de 12 m. de largeur, destiné au dépôt des marchandises.

Vers la cour, la toiture se prolonge sur environ 4 m. en encorbellement, de manière à former un abri pour les voitures qui doivent stationner devant le quai.

La halle est mise en communication avec le quai extérieur au moyen d'une porte de 2 m. de largeur. Sur le pignon en maçonnerie se trouve le bureau, largement ouvert sur la halle.

Les angles, les jambages et les appuis sont en pierre de taille calcaire de la Celle-Bruère, les arcs des baies sont en briques, les bandeaux abrités sous la toiture sont en plâtre de Paris; afin de diminuer la dépense, les contreforts au droit des fermes ont été placés à l'intérieur, ce qui a permis de les construire presque entièrement en maçonnerie ordinaire.

La toiture est en ardoises. Peut-être ce mode de construction, qui exige une certaine inclinaison, a-t-il l'inconvénient de donner, sans aucune utilité, une trop grande hauteur à la construction.

Cette halle, placée sur un point de la station où le remblai atteint 4 à 5 mètres de hauteur, a été fondée sur des arceaux; chaque angle de la fondation est consolidé par

des contreforts établis en prolongement des murs.
Le quai couvert est dallé en asphalte de Seyssel.
Le prix de revient de cette construction est de 50 fr. par mètre superficiel.

PLANCHES 63, 64

GARE A LONDRES

DU GREAT NORTHERN RAILWAY

Les gares de tête des lignes importantes d'Angleterre [1] offrent, dans quelques-unes de leurs parties, des proportions d'une grandeur tout à fait remarquable, et qui même quelquefois paraissent exagérées si on les compare à celles des gares de même importance, reconnues suffisantes dans d'autres pays.

Les halles couvertes surtout sont fort belles et réunissent une grande largeur à une grande longueur.

Ainsi, à la gare du Great-Northern à Londres, il y a 11 voies de fer sous la halle, outre les quais de départ et d'arrivée et une rue couverte occupant, du côté de l'arrivée, toute la longueur de la halle; cette longueur n'est pas moins de 200^m.

Au Great-Northern, la largeur de la halle est de 60^m; elle recouvre 10 voies de fer, un quai de départ de plus de 8^m, un quai d'arrivée de 13^m, quais d'entrevoie, l'un de 7^{m}50 du côté du départ, et l'autre de 6^{m}30 du côté de l'arrivée; enfin, une rue couverte de 13^{m}50 du côté de l'arrivée; la halle proprement dite a 211^m de longueur et est prolongée par une remise de wagons de 60^m.

A Birmingham, à la gare du *London and North-Western*, la halle a une largeur de 70^m, sans supports intermédiaires, et une longueur de 280^m; elle couvre neuf voies de fer, quatre quais de voyageurs et une rue pour les voitures.

Cette gare est à la fois une gare intermédiaire et une gare de tête de ligne; aussi certaines voies principales la traversent dans toute sa longueur, tandis que d'autres s'y terminent en cul-de-sac. Tous les quais sont réunis par une passerelle à laquelle de larges escaliers donnent accès.

A Wolverhampton, la gare du Great-Western présente les mêmes dispositions, mais sur de moins larges proportions; néanmoins la largeur de la halle est encore de 38^m, sans points d'appui intermédiaires, et la longueur de 200^m. C'est une gare d'embranchement dont les voies sont à trois rails pour correspondre à la fois à la voie ordinaire de 1^{m}50 et à la voie large de la ligne principale de Great-Western.

La gare de chemin de fer de Lancashire et York-Shire à Liverpool présente l'exemple d'une gare où le service se fait en tête.

La halle, d'une longueur de 260^m et d'une largeur de 45^m sans points d'appui intermédiaires, recouvre trois quais de

[1] Les renseignements sur les gares de Great-Northern, à Londres, ont été empruntés à l'ouvrage de MM. Perdonnet et Camille Polonceau, ingénieurs.

longueurs et de largeurs inégales qui aboutissent à une large plate-forme placée en tête de la gare et où se fait le service des bagages; cette disposition est motivée par le grand nombre de trains de banlieue qui partent de Liverpool sur cette direction.

Le quai intermédiaire affecté spécialement au départ, a 160^m de longueur sur 5^m 80 de largeur. Les deux quais extrêmes ont une largeur de 4^m, l'un d'eux a 93^m de longueur et sert de quais de départ; l'autre, de 235^m, est le quai unique d'arrivée; ce dernier borde une rue de 12^m, réservée pour les voitures sous la halle.

Pour obtenir la surface de la partie des bâtiments réellement consacrés au service des voyageurs sur ces deux lignes, il faut déduire des surfaces totales celle des deux hôtels garnis que contiennent ces bâtiments.

La surface de l'hôtel du Great-Western est de 1,660^m; celle du Great-Northern de 801^m.

Il reste ainsi pour la surface des bureaux, salle d'attente, etc., non compris les locaux affectés à l'administration, locaux qui se trouvent à un premier étage ou dans un bâtiment spécial.

Au Great-Western 7,385^m;
Au Great-Northern 21,00^m.

En étudiant ces données on remarque,

1° Que la longueur des gares anglaises à voyageurs, diffère peu de celle de nos gares françaises;

2° Que la surface totale de ces gares est inférieure à celle de la plupart des gares françaises;

3° Que celle des bâtiments, non compris les hôtels, est, pour le Great-Northern, beaucoup plus petite que la surface correspondante sur les chemins de fer français, mais qu'au Great-Western elle est plus grande qu'aux chemins de fer de l'Est et du Nord;

4° Que la surface des halles est beaucoup plus grande que sur les chemins français;

5° Que la surface des cours couvertes est considérable.

Le peu de surface des bâtiments sur le Great-Northern et la grandeur de l'espace couvert par les halles tiennent, d'une part, aux usages anglais bien différents des nôtres, et, d'autre part, au grand nombre de voies placées entre les trottoirs.

On sait qu'en Angleterre les salles d'attente sont très-petites, et que le public passe immédiatement sur le trottoir ou dans les voitures. On sait aussi que les bagages n'y sont pas visités, comme en France, au moment de l'arrivée.

La surface des bâtiments, au Great-Western, est exceptionnelle, comme la plupart des dimensions de ce chemin. Cette surface, sur les autres lignes anglaises, se rapporte surtout à celle du Great-Northern.

L'usage de couvrir les cours où stationnent les voitures est général dans les grandes gares anglaises; il est à désirer qu'il se répande également sur le continent.

Les grandes gares de marchandises, en Angleterre, présentent des proportions différentes de celles généralement adoptées en France; elles occupent beaucoup moins de surface, en proportion du trafic, et le service y est concentré dans un plus grand nombre de bâtiments; en général, un seul hangar, couvrant les quais de départ et d'arrivée, et un magasin adjacent, suffisent pour les gares les plus importantes.

Les surfaces que nous donnons dans le tableau qui suit sont intéressantes; seulement nous ferons remarquer que pour les deux gares anglaises les surfaces comprennent les gares de voyageurs et de marchandises.

TABLEAU DES SURFACES

	EST	NORD (central)	GREAT-WESTERN	GREAT-NORTHERN
Gare des voyageurs (longueur totale de la gare)	366	800	800	440
Surface totale de la gare	57.940	79.300	141.461	203.340
DES VOYAGEURS (surface)				
Couverte (Bâtiments avec ou sans buffet)	5.040	5.535	6.445	3.470
Halles à voyageurs, marquises intérieures, abris	5.200	5.760	25.846	20.945
Marquise extérieure, cours et latrines	375	390		
Découverte (Trottoirs, cours et dépendances)	9.530	3.175	8.396	8.117
DES MARCHANDISES (surf.)				
Couverte (Halles ou hangars)	2.040	2.935	23.975	30.080
Découverte (Quais)			2.300	2.945
— (Cours)	2.910	4.240	22.890	29.403

La planche 80 donne : 1° L'élévation sur Saint-Pancras-Road; — 2° la coupe transversale de la gare ; — 3° la coupe transversale de la halle à marchandises ; — 4° le plan du bâtiment des voyageurs.

Légende du Plan (Bâtiment des Voyageurs).

1, 2, 3, 4. Bureaux de l'exploitation commerciale.
5, 6. Bureaux du télégraphe.
7, 8. Bureaux de l'ingénieur.
9. Lieux d'aisances.
10. Salle d'attente de 2ème classe pour les dames.
11. Salle d'attente des premières classes.
12. Cabinets pour les dames.
13. Vestibule.
14. Distribution des billets.
15. Chef de gare.
16. Pièces à l'abri du feu pour les archives.
17. Inspecteur de la gare.
18. Librairie.
19, 20. Salle d'attente de 1re classe pour les dames.
21. Cabinets pour les dames.
22. Lieux d'aisances.
23. Buffet.
24, 25. Bureaux de la traction.
26, 27, 28, 29. Bureaux du surintendant.
30. Lieux d'aisances pour les hommes.
31, 32. Objets perdus.
33. Facteurs.
34. Messageries.
35. Cour couverte pour messageries.
36, 37, 38. Gardes.
39, 40, 41. Surveillants.
42. Cour.
43. Lieux d'aisances.

Planche 81 donne la gare des marchandises et du service du matériel.

PLANCHES 82. 83. 84

BATIMENT DES VOYAGEURS A LYON

CHEMIN DE FER DE LYON A LA CROIX-ROUSSE

MM. Molinos et Pronnier, Ingénieurs

Le plateau de la Croix-Rousse, voisin du quartier le plus populeux et le plus commercial de la ville de Lyon, les Terreaux, est situé à une altitude considérable au-dessus de la presqu'île lyonnaise. Il est en grande partie habité par les ouvriers en soie; les relations incessantes qui existent entre cette population industrieuse et les fabricants qui habitent les quartiers inférieurs de la ville donnent lieu à une circulation des plus actives. Les communications sont naturellement fort difficiles, sur le versant de l'ancien Jardin des Plantes, les piétons peuvent parvenir à la Croix-Rousse, soit au moyen d'escaliers, soit par la rue dite de la Grande-Côte, qui, dans un parcours d'environ 500 mètres, franchit une différence de niveau d'environ 80 mètres, et présente dans certains endroits des pentes de plus de 0.20 c. par mètre.

La ville de Lyon a fait de grands sacrifices pour améliorer ces communications ; une voie nouvelle, qui est en même temps une magnifique promenade, la rue de l'Annonciade, permet aux voitures d'arriver au plateau de la Croix-Rousse avec des pentes modérées, mais en contournant le versant du coteau et avec un parcours beaucoup plus long.

L'importance de la circulation, qui s'élève en moyenne, dans la seule rue de la Grande-Côte, à 30,000 personnes par jour ; le trafic considérable des marchandises et objets de consommation nécessaires à une population d'environ 40,000 âmes qui tire presque tout de Lyon, ont donné l'idée du chemin de fer de la Croix-Rousse, destiné à remédier à la difficulté des communications.

L'utilité de cette entreprise, hardie à tous les points de vue, est aujourd'hui pleinement démontrée par les résultats de l'exploitation et l'empressement du public à adopter ce nouveau moyen de transport à la fois rapide et économique.

Le projet consistait donc à établir un plan incliné aussi latéral que possible à la grande artère jusqu'alors parcourue par le public, la Grande-Côte, partant du plateau de la Croix-Rousse, près de l'ancien mur d'enceinte, pour aboutir à la partie inférieure en face de la rue Terme prolongée, suivant aussi le chemin le plus direct de la Croix-Rousse à la place des Terreaux. La hauteur à franchir était de 70 mètres, la longueur totale du plan incliné de 480,20, et la pente par mètre, en déduisant les paliers des gares, de 0,1605 par mètre.

Les trains devaient être très-fréquents : toutes les cinq minutes environ ; ils devaient pouvoir transporter en moyenne 30,000 personnes par jour.

Telles sont les données principales sur lesquelles le projet a dû être rédigé. C'était un problème absolument nouveau ; il fallait en effet transporter des voyageurs sur un plan incliné de 0.1605 par mètre, sans que, dans aucun cas, une pente aussi rapide[*] pût être une cause de danger. Il fallait parer aux conséquences d'une rupture du câble, accident toujours possible, au moyen de freins sans analogues jusqu'à ce jour.

Nous allons décrire les diverses dispositions de ce projet, dont plusieurs, imposées par des conditions si spéciales, sont assez nouvelles pour présenter quelque intérêt.

Le chemin de fer de la Croix-Rousse a été construit pour satisfaire à la fois au service des voyageurs et des marchandises.

Aujourd'hui le service seul des voyageurs est ouvert. Le tarif des places est de 0,10 centimes en secondes et de 0,20 centimes en premières.

La durée d'un voyage est de trois minutes environ. La vitesse des trains est de deux mètres par seconde.

---

[*] Le public est familiarisé aujourd'hui avec quelques plans inclinés construits pour transporter des voyageurs, afin de donner la mesure du pas qui a été franchi dans la construction du chemin de fer de la Croix-Rousse, nous rappelons l'inclinaison de deux des plus célèbres. Le plan incliné du chemin de fer de Sainte-Germain a 0m,035 en moyenne; celui de Liége, 0m,028 à 0m,030.

Les travaux, commencés en février 1860, ont été complétement achevés en février 1862.

Mode d'exploitation

Avant d'entrer dans la description du projet, nous devons, pour plus de clarté, décrire le mode d'exploitation adopté, auquel toutes les dispositions d'exécution ont été nécessairement subordonnées.

Nous avons dit que le chemin de fer de la Croix-Rousse était destiné au transport des voyageurs et des marchandises.

L'exécution d'un chemin à quatre voies entraînant à des dépenses trop considérables pour le début de l'entreprise, il fallait assurer ce double service avec deux voies seulement. La fréquence des trains de voyageurs rendait évidemment toute combinaison de ce genre fort difficile. Voici pourtant celle qui a paru présenter le moins d'inconvénients pour l'exploitation, et à laquelle les auteurs se sont définitivement arrêtés.

Le plan montre (planche 82) que les deux voies du chemin se ramifient en quatre tronçons dans chaque gare.

Les deux voies intérieures sont consacrées au service des voyageurs.

À chaque extrémité du câble est attaché un train composé de trois voitures pouvant contenir chacune 108 voyageurs.

La machine met le câble en mouvement, de manière que le train descendant fasse en partie équilibre au train montant.

On peut ainsi, à chaque voyage, transporter dans chaque sens 324 personnes.

Les départs ont lieu alternativement sur chacune des deux voies. Le quai du milieu est toujours le quai de départ; c'est là que sont reçus les voyageurs pour monter en voiture, tantôt sur la voie de droite, tantôt sur la voie de gauche.

À l'arrivée, ils descendent sur les quais extérieurs aux voies, de manière qu'il n'y ait pas de confusion entre le départ et l'arrivée.

La durée du trajet étant d'environ trois minutes, on peut faire partir un train (montant et descendant) toutes les six minutes.

Ainsi, en résumé, une machine faisant mouvoir un câble qui remorque un train montant et descendant sur les deux voies intérieures, tel est le système très-simple qui assure le service des voyageurs.

Le service des marchandises présentait de plus grandes difficultés.

En premier lieu, il était impossible de songer à rompre charge pour un si faible parcours. Le déchargement au point de départ et le chargement au point d'arrivée eussent conduit à des dépenses excessives de main-d'œuvre que la faible valeur du transport ne pouvait évidemment supporter.

Ces opérations auraient exigé, en outre, des espaces considérables pour l'emmagasinage, car le trafic prévu en marchandises était supérieur à 200,000 tonnes par an. On ne pouvait même songer à trouver ces emplacements au cœur de la ville de Lyon, sur des terrains fort coûteux. Ce mode d'exploitation eût détourné complétement l'entreprise de son but, en eût changé l'esprit, et sans doute même rendu l'usage illusoire.

Ce système, analogue à ceux des autres chemins de fer, étant écarté, il n'en restait qu'un possible, indiqué d'ailleurs par les conditions naturelles du chemin.

Il consiste à transporter sur des trucks les véhicules de toute nature chargés de marchandises qui se présentent.

Le plan incliné de la Croix-Rousse devient ainsi une sorte de bac, qui surmonte l'obstacle opposé aux transports par l'énorme différence de niveau qui sépare la Croix-Rousse de la ville de Lyon; ce résultat est obtenu sans main-d'œuvre coûteuse, sans perte de temps, à l'aide d'une seule manœuvre facile à exécuter.

Cette solution ayant été adoptée, voici maintenant les dispositions au moyen desquelles elle a été réalisée.

Une seconde machine fait mouvoir un tambour sur lequel s'enroule un câble. Chaque brin de ce câble descend sur une voie comme celui des voyageurs; seulement, au lieu de parvenir aux deux voies principales par les deux voies intérieures de la gare, il est placé sur les embranchements extérieurs. Aussi le mouvement de va-et-vient de la machine fait circuler le train sur les voies extrêmes des gares, en empruntant les deux voies principales à partir du raccordement. Sur les deux voies principales il existe donc deux câbles; afin qu'ils ne se rencontrent pas, la traction des wagons ne se fait pas suivant l'axe; celle des wagons à voyageurs a été reportée de 0,06 c. vers l'entre-voie, celles des wagons à marchandises de 0,08 c. vers les côtés de la voie, de manière que les axes des deux câbles soient distants de 0,14 c.

Un croisement spécial ouvre les voies, soit pour le service des voyageurs, soit pour celui des marchandises. Un train de marchandises se compose de trois trucks dont les plates-formes font une sorte de pont continu. Ce train étant garé au fond du quai, on peut faire arriver les voitures attelées d'un seul cheval sur les trucks par l'extrémité de la voie. La première voiture est placée sur le premier truck et ainsi de suite; de solides attaches fixent la voiture et le cheval de manière que tout mouvement leur soit impossible. On peut donc ainsi transporter sur le plan incliné des voitures chargées et attelées d'un seul cheval.

Le déchargement est également très-simple; les voitures sortent des trucks à l'arrivée exactement comme elles sont entrées, sans autres manœuvres que celles qui sont nécessaires pour les détacher.

Ce mode d'exploitation était le seul qui pût se plier aux exigences du service des voyageurs, car la composition d'un train de marchandises, si simple qu'elle soit, est beaucoup plus longue que celle d'un train de voyageurs. Le système adopté permet de composer le train de marchandises indépendamment des autres. Quand il est prêt, on attend l'arrivée du train des voyageurs; aussitôt on fait manœuvrer les changements de voies, et on enlève le train des marchandises. Comme il n'occupe la voie que pendant trois minutes environ, qui sont justement le temps à peu près nécessaire pour vider et emplir les voitures, on voit que le service des marchandises n'apporte qu'un faible retard à celui des voyageurs.

Tracé

Le cahier des charges, pour la construction du chemin de fer de la Croix-Rousse, imposait diverses conditions relativement au tracé :

1° Il devait être en ligne droite, sauf les courbes de gares inévitables;

2° La pente par mètre devait être uniforme et inférieure à 0m20 c.

La configuration des lieux, jointe à l'obligation de la ligne droite, ne permettaient aucune hésitation dans la détermination du tracé du chemin. Il devait aboutir à Lyon dans les terrains de l'ancien Jardin des Plantes, on façade sur la nouvelle rue ouverte dans le prolongement de la rue Terme.

Le point d'arrivée supérieur devait être aussi rapproché que possible de la place de la Croix-Rousse, centre de ce quartier. Un grand chés non construit était naturellement indiqué pour l'établissement de la gare.

Ainsi déterminé, le tracé passe en dessous de toutes les rues traversées.

Il rencontre d'abord la rue du Commerce, franchie au moyen d'un pont biais. Ce pont a été exécuté en maçonnerie de ciment de Pouilly et par anneaux successifs rachetant l'inégalité de longueur des naissances. Ces anneaux reposent sur des redans en pierre de taille qui présentent une double saillie, l'une en plan, l'autre en élévation, à cause de la forme trapézoïdale du pont et de la pente du chemin de fer.

La construction de ce pont, d'une disposition inusitée, a été rendue très-délicate pour le voisinage d'une très-grande maison, dont un angle s'approchait à 2m de la façade intérieure de la culée de droite.

La fouille devait ainsi placer cette maison de 18m de hauteur, et à 2m du bord d'une tranchée de 12m de profondeur. Le terrain, assez mobile, était composé d'alluvions marines d'un sable très-fin. Il fallait prévenir tout mouvement dans le terrain sous peine de s'exposer aux plus graves conséquences.

La culée de gauche, qui ne présentait d'autres difficultés que celles qui résultaient de la nature éboulouse et aquifère du terrain, fut préalablement construite. On se ménageait ainsi une base solide pour les étais qui pourraient devenir nécessaires par suite de l'ouverture de la tranchée en face de la maison.

La culée de droite fut faite par petites portions de 3m de longueur, correspondant à deux anneaux du pont, cinq anneaux furent ainsi exécutés sans beaucoup d'étais. Arrivée en face de la maison, la tranchée mit à découvert des restes de murs romains, vestiges d'anciennes arènes qui occupaient l'emplacement de la gare. Ces murs furent pour l'entreprise d'une ressource précieuse contre l'inconsistance du terrain; trois forts étais en éventail furent placés de manière à les appuyer solidement contre la culée de gauche. Nous continuâmes alors la culée de droite, limitant toujours la largeur de chaque fouille à 3m correspondant à deux anneaux du pont.

Ces anneaux étaient décintrés douze heures après l'achèvement de la voûte, et on ne commençait une nouvelle fouille qu'après ce décintrement.

D'ailleurs la culée était un peu faible pour résister à la poussée de la voûte. Nous obtenions donc une application parfaite de cette culée contre le terrain, qui ne se trouvait abandonné à la fois que sur une faible longueur.

Ces précautions ont été couronnées de plein succès, le travail fut achevé sans qu'aucune lézarde se soit manifestée dans la maison, ni même aucune fente dans le terrain.

Le pont Tholozan, construit sous la rue de ce nom, est un pont en plein cintre.

A la traversée de la rue Neyret, le chemin rencontre un immeuble d'une assez grande importance; une maison de quatre étages. Son prix élevé a déterminé à la reprendre en sous-œuvre afin de la conserver à la compagnie; cette opération toute délicate a parfaitement réussi, malgré de nombreuses difficultés de détail.

Le tunnel Neyret, ainsi que le montre le profil en long, coupe les caves de cette maison à peu près au niveau du rez-de-chaussée, cette circonstance augmenta considérablement les difficultés du passage. Ce travail a été commencé par l'intérieur de la maison. Un puits fût d'abord percé dans une des chambres du rez-de-chaussée, et la fouille conduite de manière à aller reprendre en sous-œuvre les murs du pignon de la maison; les pieds-droits de la voûte furent montés sous ces murs, et la voûte elle-même construite en plusieurs anneaux; quelques étais extérieurs suffirent à maintenir les murs de façade et l'angle de la maison, mais les murs de refend et de pignon furent solidement étayés par des chandelles verticales, qui restèrent engagées dans la maçonnerie. On n'a observé, même après l'achèvement des travaux, que de très-faibles mouvements dans cette maison, construite partie en maçonnerie, partie en pisé.

Près la cure du Bon-Pasteur, à 22m de la face du tunnel Neyret, le terrain se relevant considérablement a rendu nécessaire la construction d'un tunnel.

Ce tunnel a 152m53 de longueur.

Sa construction a présenté de grandes difficultés. La tête aval est construite dans un terrain très-éboulеux composé de graviers sans aucune liaison.

A 15m de cette tête, le terrain, fort heureusement trouvé meilleur, on a pu conserver deux immeubles considérables, coupés par l'axe du tunnel, qui ont parfaitement résisté aux travaux, bien qu'ils se trouvassent eux-mêmes dans d'assez mauvaises conditions de solidité.

Toute la partie du tunnel située sous les maisons a été exécutée par un puits percé dans la cour de l'une d'elles.

Les deux têtes ont été construites après, à cause de quelques retards d'expropriation.

Le dernier ouvrage d'art de la ligne est le pont construit sous la rue de Crimée. Par suite de conditions de débouché très-impérieuses, on n'a pu donner qu'une flèche de 1/12. Il a été construit avec le plus grand soin en ciment de Pouilly; il a parfaitement supporté les expériences considérables.

Gares

La disposition générale des gares est naturellement résultée du système d'exploitation adopté que l'on a exposé plus haut; une entrée unique pour les voyageurs conduit au quai de départ placé au milieu de la gare, le départ a lieu alternativement à droite et à gauche de ce quai. Les voyageurs arrivant descendent sur les quais extérieurs; une sortie a été ménagée à cet effet en face de chacun d'eux.

Afin d'éviter toute cause d'encombrement, de grandes portes percées dans la façade, en face des voies, permettent aux voitures d'accéder directement aux trains, sans qu'elles aient à séjourner ou à manœuvrer dans la gare.

La couverture de ces deux gares a été exécutée en bois, fer et fonte. Ce sont des combles polonceau doubles. La couverture de la gare du bas présentait quelques difficultés à cause de sa forme trapézoïdale.

Afin de maintenir la sablière horizontale, la ligne du faîtage est inclinée; elle a été déterminée par l'intersection des deux toit également inclinés sur l'horizontale. Dans cette charpente toutes les formes sont différentes.

La ferme de la gare de la Croix-Rousse, rectangulaire en plan, a 40m50 de portée.

Dans les deux gares les voies présentent une inclinaison de 0,020m par mètre. C'est ce qu'il faut pour que le train du bas pénètre jusqu'au fond du quai en tendant toujours le câble, et que le train du haut porte seul. L'obligation de ces paliers était imposée par le service des marchandises; on a dû donner en effet aux quais une inclinaison assez faible pour que les voitures puissent arriver sans peine sur les trucks.

BATIMENTS DE CHEMINS DE FER

PLANCHE 85
BARRIÈRE
CHEMIN DE FER DU NORD

Nous avons donné dans ce volume un type de barrière en fer. La planche 85 représente un type en bois assez simple, beaucoup employé par la Compagnie du chemin de fer du Nord ; cette planche suffit pour faire comprendre sa construction.

PLANCHES 86, 87
HALLE A MARCHANDISES
CHEMINS DE FER DES ARDENNES
Gare de Reims
M. Langlais, Architecte

La gare de Reims possède une longueur de 184 mètres en halle à marchandises, divisée en deux parties, l'une de 72 mètres, l'autre de 112 mètres. Le plan que nous donnons, planche 86, fait voir la disposition de ces deux bâtiments ; dans cette même planche se trouve une élévation qui fait voir : 1° élévation d'une porte avec fer de support de la grue; 2° élévation d'une fenêtre avec fer de support de la grue; 3° élévation d'une fenêtre; 4° élévation d'une porte. La planche 87 donne une coupe faisant voir le genre de ferme employée, un pignon, un bout du plan à plus grande échelle, et enfin un détail de la retombée d'une ferme donnant le fer de support de la grue.

PLANCHES 88, 89
REMISE DE LOCOMOTIVES
CHEMIN DE FER DE LYON
M. Favre, Architecte

Cette rotonde, pour seize machines avec ses annexes, a été exécutée à Montargis ; les annexes sont considérées comme accessoires nécessaires à l'établissement d'une rotonde.

Les murs extérieurs sont en maçonnerie avec contreforts en pierre.

Pour avoir la dépense totale, il faudrait ajouter aux prix ci-joints, ceux des fosses, du pavage, des appareils à gaz et des conduites pour amener les eaux.

Dépense :

Maçonnerie,	70,311 fr.	38 c.
Charpente,	21,815	48
Couverture,	19,532	59
Menuiserie,	10,790	16
Serrurerie,	69,075	19
Peinture et vitrerie,	20,387	73
Ardoises,	473	58
Total	212,376 fr.	11 c.

La surface du bâtiment, y compris les annexes, est de 2,802^m85.

Le prix de revient du mètre superficiel est de 73 fr. 50 c. ; le prix par machine est de 13,273 fr.

PLANCHES 90, 91, 92, 93
STATION D'ARCACHON
CHEMINS DE FER DU MIDI
M. L. Bocasse, Architecte

Les aménagements d'une station de première classe destinée au service des voyageurs, les marquises, espaces couverts, etc., sont largement acquis aux voyageurs des trains de plaisirs si fréquents dans la saison ; la décoration en a été soignée d'une façon particulière, sans cependant atteindre au luxe des constructions fantaisistes de la nouvelle cité.

Elle comprend au rez-de-chaussée, sur la cour, une marquise de 4^m55 de saillie, en fer léger, s'étendant sur toute la façade du bâtiment, côté de la cour d'accès.

A gauche, service des messageries, poste télégraphique, bureau du chef, les trois différentes classes de salle d'attente, et enfin les bureaux de billets et de bagages, donnant sur un vaste vestibule servant en outre à la réception et à la remise de ces mêmes bagages.

Ce vestibule présente ici une disposition que nous n'avions vue nulle part : c'est qu'au moyen d'un rideau en tôle à lames mobiles il se met instantanément en communication avec la halle de stationnement contiguë, où l'on a prolongé indéfiniment, pour ainsi dire, le cours de bancs à bagages.

Cette halle de stationnement présente une longueur de 113^m80.

Le centre du bâtiment des voyageurs, proprement dit, est accusé par un étage contenant l'appartement du chef de gare.

PLANCHE 94
HALLE A MARCHANDISES
CHEMIN DE FER DE L'OUEST-SUISSE

Cette planche donne le plan, les coupes et les façades, sur la voie et sur la cour.

Malgré le manque de renseignements complets sur ce travail, nous avons cru devoir donner ce type qui est d'un heureux effet comme construction en bois.

PLANCHES 95, 96, 97, 98
STATION DE PONTOISE
CHEMIN DE FER DU NORD
M. Lejeune, Architecte

La nouvelle station de Pontoise étant située maintenant dans la ville de ce nom, se trouve à 30 kilomètres de Paris, première station de l'embranchement qui doit aller rejoindre le chemin de fer de Dieppe. Cette station a été construite suivant les types déjà employés par M. Lejeune sur la ligne de Paris à Chantilly.

Le tableau suivant donne la dépense exacte de cette station.

Dépense :

Maçonnerie, fondations et élévations,	32,000 fr. »
Charpente en sapin,	7,000 »
Couverture en zinc,	3,200 »
Menuiserie,	12,200 »
Serrurerie,	8,600 »
Quincaillerie,	1,500 »
Marbrerie,	280 »
Fumisterie,	1,500 »
Peinture,	1,700 »
Vitrerie,	4,100 »
Bitume,	1,200 »
Total	73,080 fr. »

PLANCHES 99, 100

GARE DE PARIS

CHEMIN DE FER DU NORD

M. Hittorf, Architecte; M. Couque, Ingénieur

M. Hittorf, architecte de la nouvelle gare de Paris, ayant l'intention de faire une publication de son travail, nous avons cru devoir nous abstenir de reproduire dans notre publication ce qui avait rapport au bâtiment.

M. Couche, ingénieur en chef du chemin de fer du Nord, a eu l'obligeance de mettre à ma disposition le plan général de la gare, et de plus nous avons obtenu les détails d'une ferme dont nous donnons l'estimation d'une travée.

Maçonnerie,	béton pour fondations,	5,600 fr. »
Id.,	pierre de taille en élévation,	29,400 »
Dallage,	quais,	2,000 »
Fontes,	colonnes et consoles,	12,000 »
Fers,	arbalétriers, pannes, etc.,	38,000 »
Peinture,	fers, fontes et menuiseries,	1,000 »
Vitrerie,		2,000 »
Menuiserie,		1,500 »
Couverture,		3,200 »
Éclairage, etc.		1,300 »
	Ensemble	96,000 »
	Déduire, rabais de 20 pour 100	19,200 »
	Total	76,800 fr. »

La surface couverte pour une travée est de 740 mètres, ce qui donne pour le prix du mètre superficiel la somme de 103 fr. 80 c.

TABLE

ESPÈCES DE BATIMENTS	SUJETS DES PLANCHES	NUMÉROS des planches	PAGES du texte
Gares	Paris. — Chemin de fer de l'Est.	15.16.17.18.19	1
	Saint-Amand. — Chemin de fer d'Orléans.	28.29	3
	Metz. — Chemin de fer de Strasbourg.	42.43.44.45	5
	Paddington. — Great-Western, Rail-way.	49.50.51.52	6
	Paris (ancienne). — Chemin de fer du Nord.	60.61.62.63.64	8
	Victoria. — Station Pimlico.	72.73.74.75	10
	Besançon. — Chemin de fer de Dijon à Belfort.	80.81	11
	Londres. — Great-Northern, Rail-way.	82.83.84	12
	Lyon. — Chemin de fer de la Croix-Rousse.	91	14
	Paris (nouvelle). — Chemin de fer du Nord.	99.100	16
Stations	Beauvais. — Chemin de fer des Ardennes.	3.4.5	1
	Avignon. — Chemin de fer de Lyon.	9.10.11	2
	Saint-Amand. — Chemin de fer d'Orléans.	25.26.27	3
	Gouzeainville. — Chemin de fer du Nord.	28	4
	Gand. — Chemin de fer de l'État belge.	46	5
	Villeneuve. — Chemin de fer de l'Ouest-Suisse.	54.55	7
	Autonne. — Chemin de fer de Lyon.		10
	Arcachon. — Chemin de fer du Midi.	92.93	14
	Pontoise. — Chemin de fer du Nord.	95.96.97.98	15
Maisons de Gardes	Chemin de fer de Lyon.	12.13.14	2
	Chemin de fer d'Orléans (réseau central).	36	4
	Chemin de fer de l'Ouest-Suisse.	57.58	7
Remises de Locomotives	Rotonde de Mohon (ferme en bois). — Chemin de fer des Ardennes.	1.2	1
	Rotonde de Mohon (ferme en fer). — Chemin de fer de l'Est.	20.21	3
	Rotonde d'Ivry. — Chemin de fer d'Orléans.	37.38.39	4
	Laurière. — Chemin de fer d'Orléans (réseau central).	68.70.71	10
	Chemin de fer de Lyon.		13
Halles à Marchandises	Chemin de fer de Lyon.	20.21.22	3
	Chemin de fer des Ardennes.	40.41	5
	Saint-Amand. — Chemin de fer d'Orléans (réseau central).	78.79	10
	Chemin de fer des Ardennes.	85.87	13
	Chemin de fer de l'Ouest-Suisse.	94	15
Remises de Voitures	Saint-Amand. — Chemin de fer d'Orléans (réseau central).	67	9
Réservoirs	Chemin de fer d'Orléans (réseau central).	6.7.8	1
	Sedan. — Chemin de fer des Ardennes.		9
Cabinets d'aisances	Chemin de fer d'Orléans (réseau central).	29	9
Abris	Saint-Florent. — Chemin de fer d'Orléans.		
	Chemin de fer des Ardennes.		
	Chemin de fer du Nord.		
	Chemin de fer d'Orléans (réseau central).		
Alimentation	Chemin de fer d'Orléans.	53	13
	Chemin de fer de Lyon.	76.77	
Barrières	Chemin de fer du Nord (fer).	65.66	8
	Chemin de fer du Nord (bois).		
Grue	Chemin de fer du Nord.	29	9

IMPRIMERIE L. TOINON ET Cⁱᵉ, A SAINT-GERMAIN.

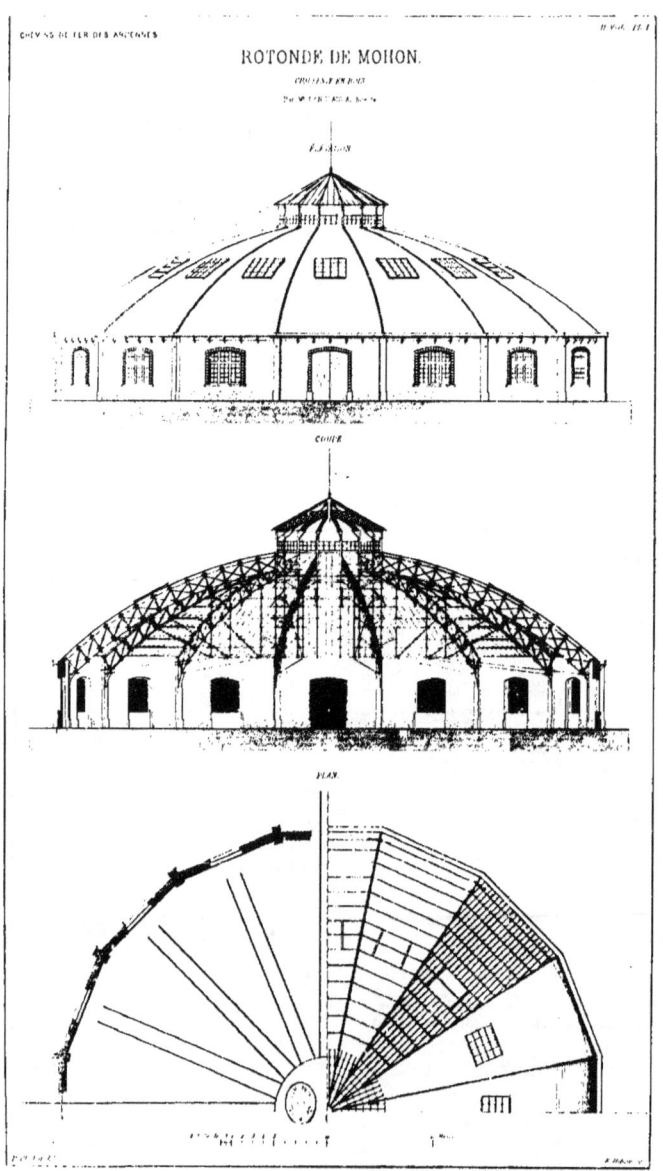

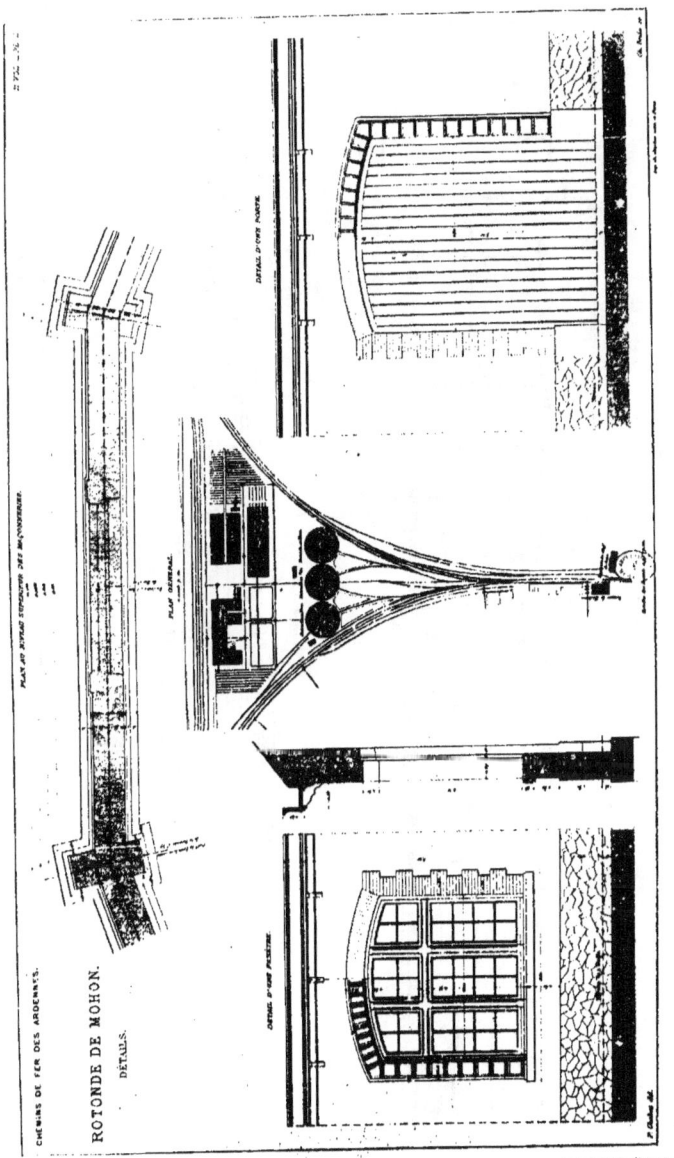

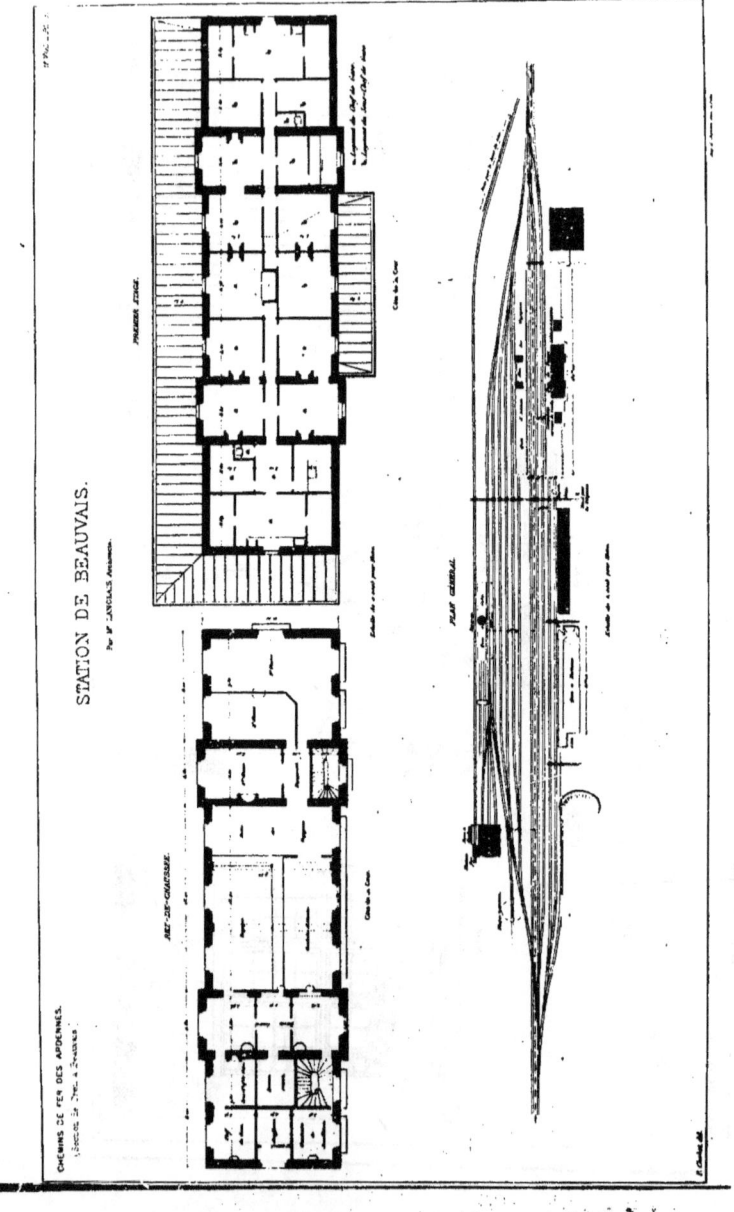

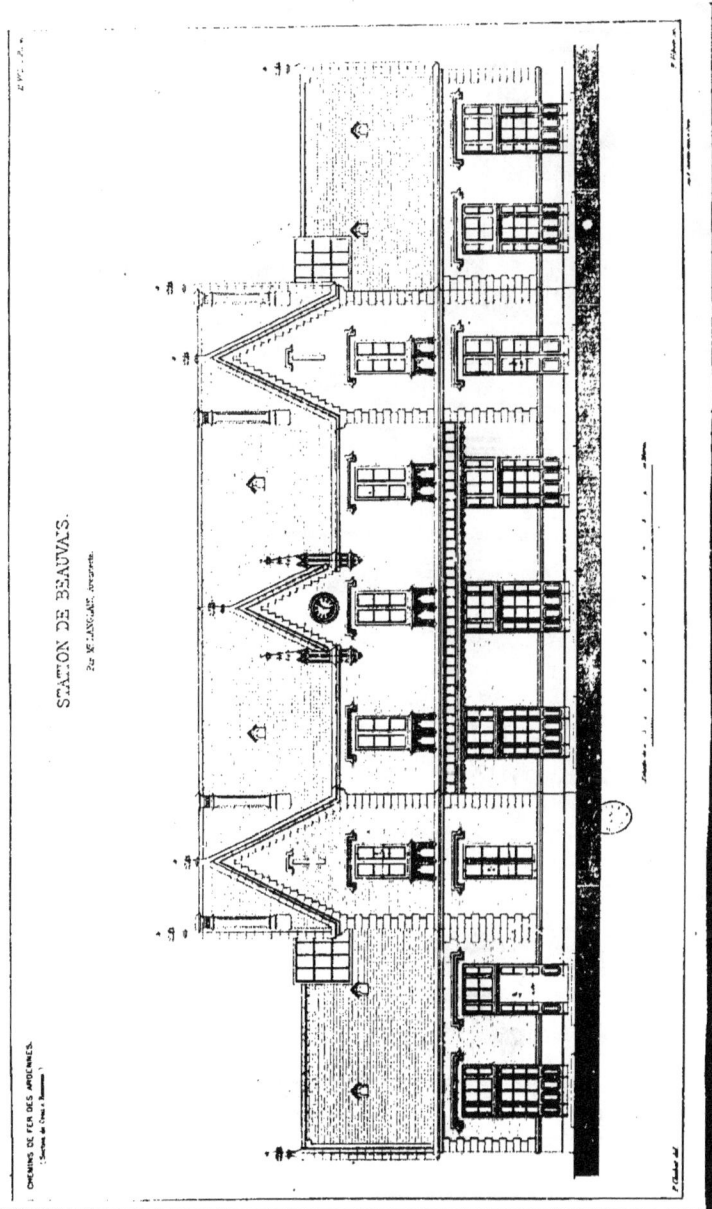

CHEMINS DE FER DES ARDENNES.　　　STATION DE BEAUVAIS.

Par M. LANGLAIS, Architecte.

COUPE TRANSVERSALE

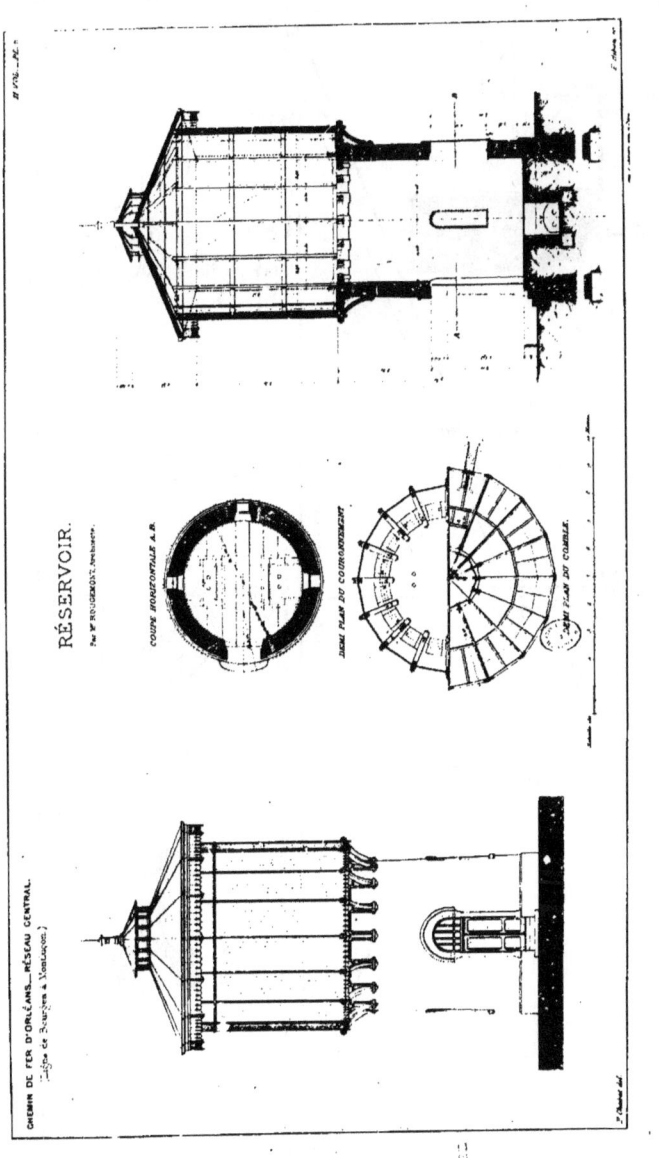

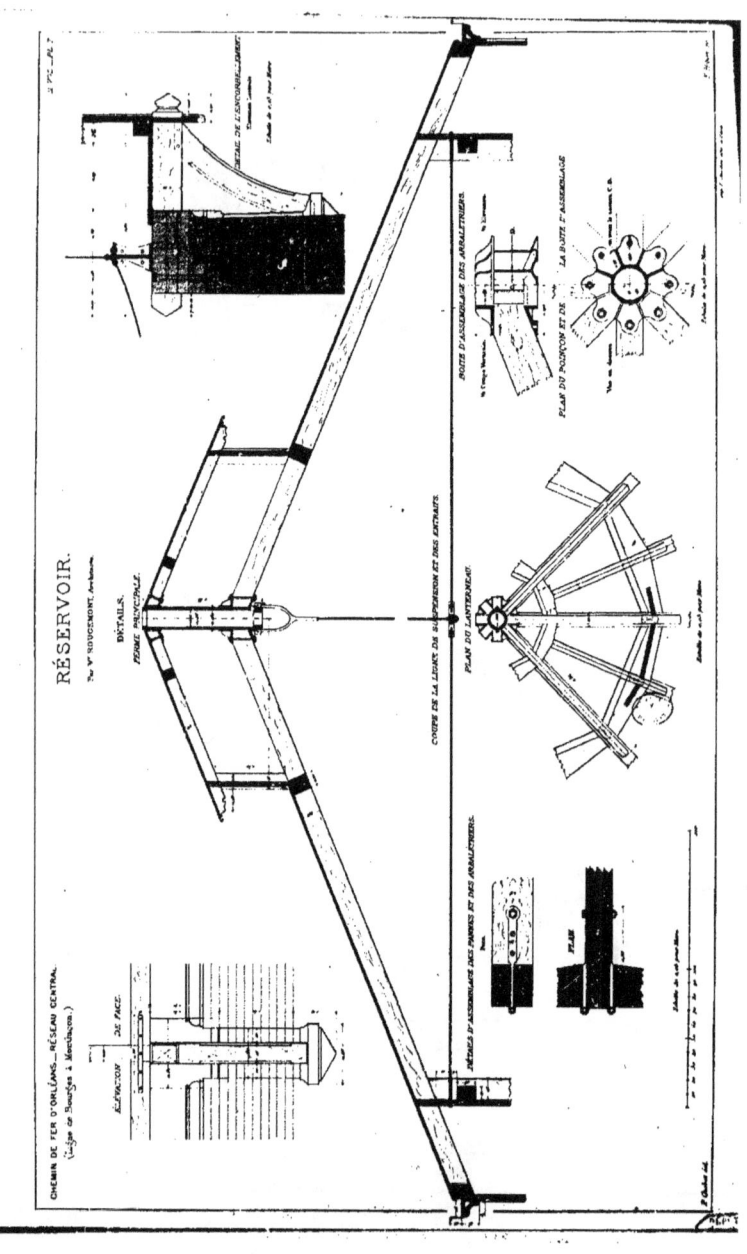

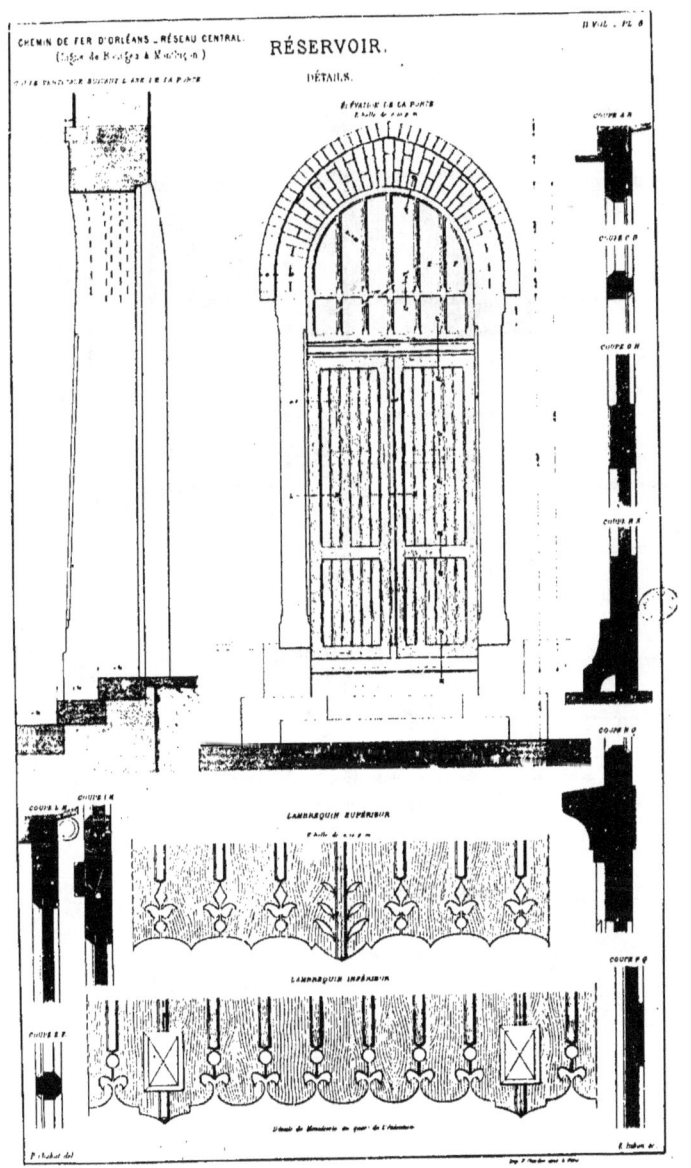

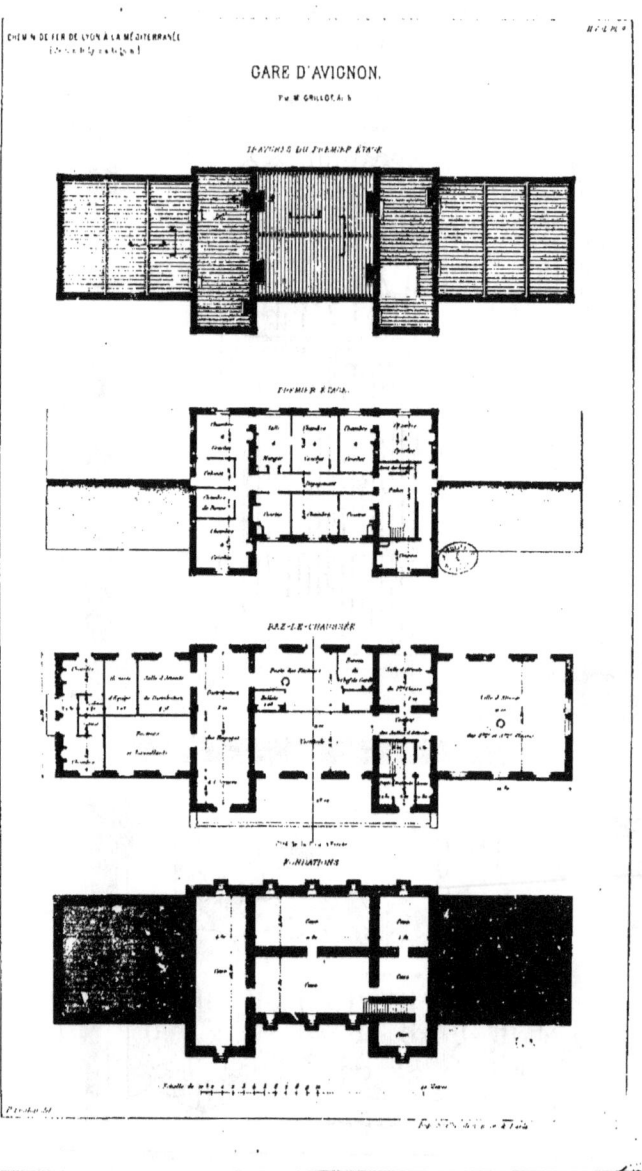

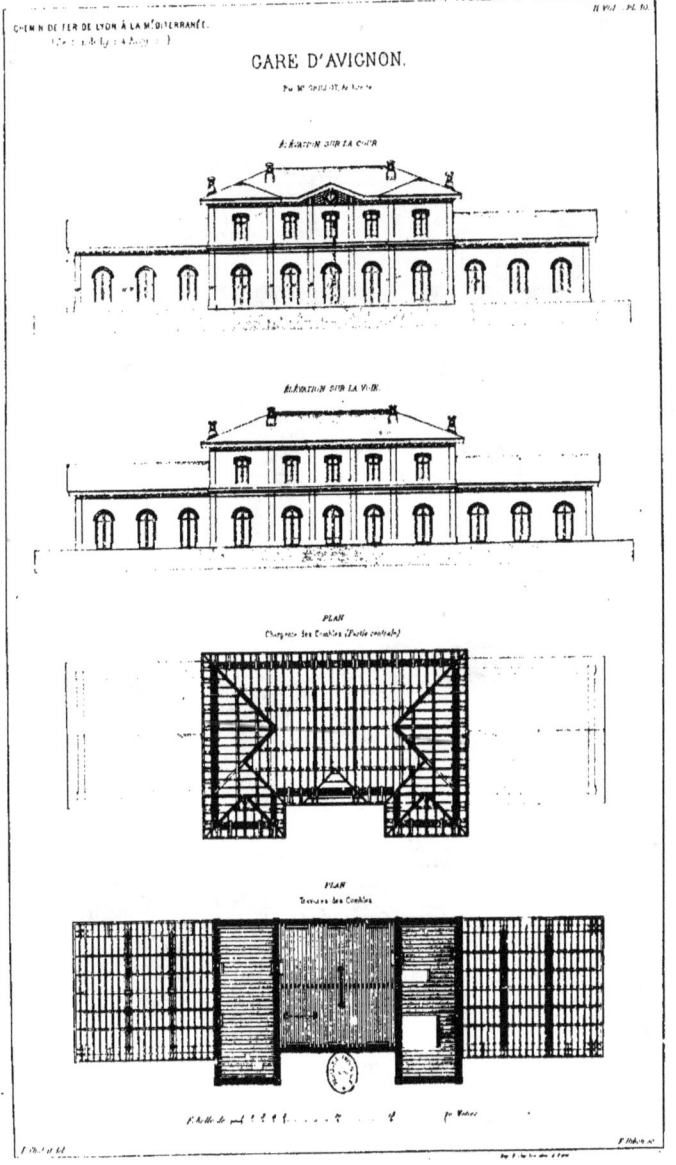

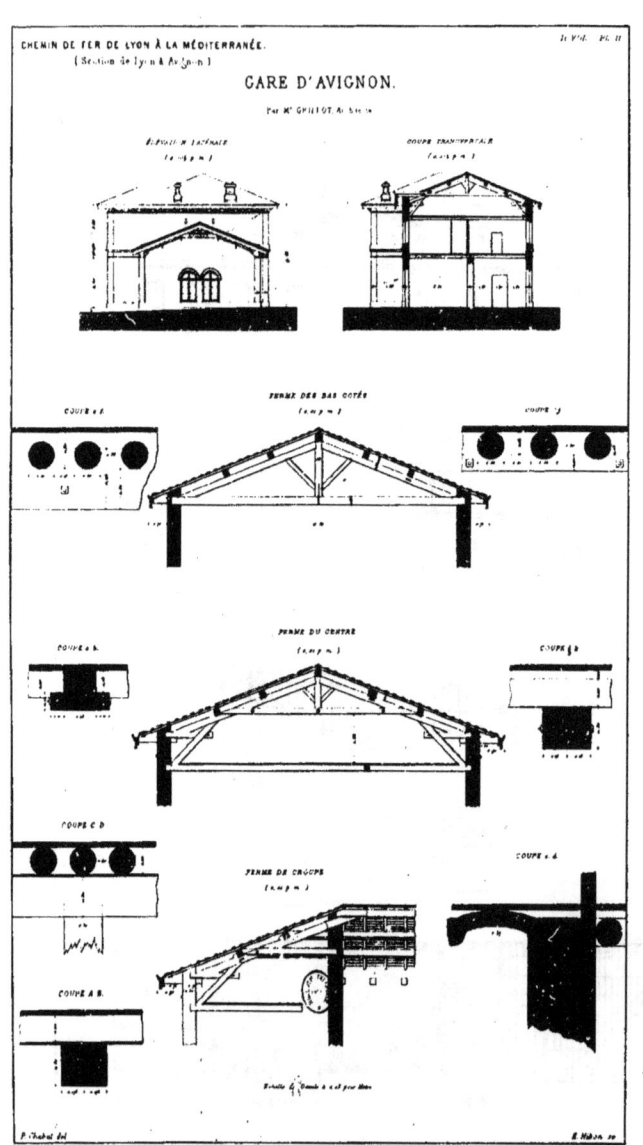

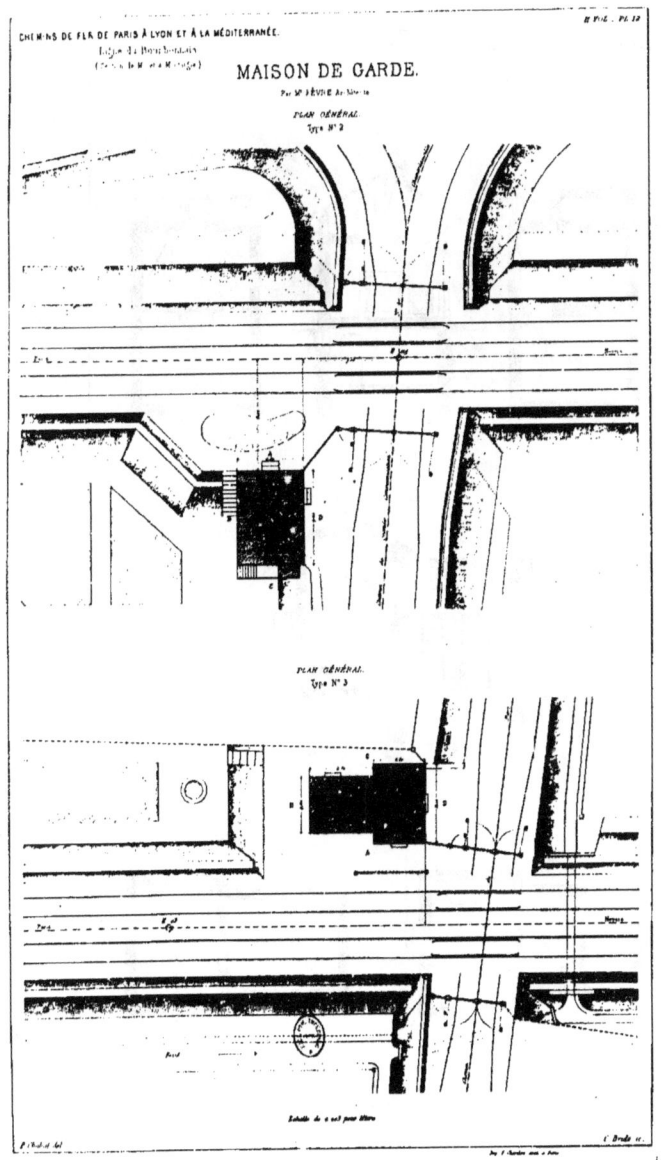

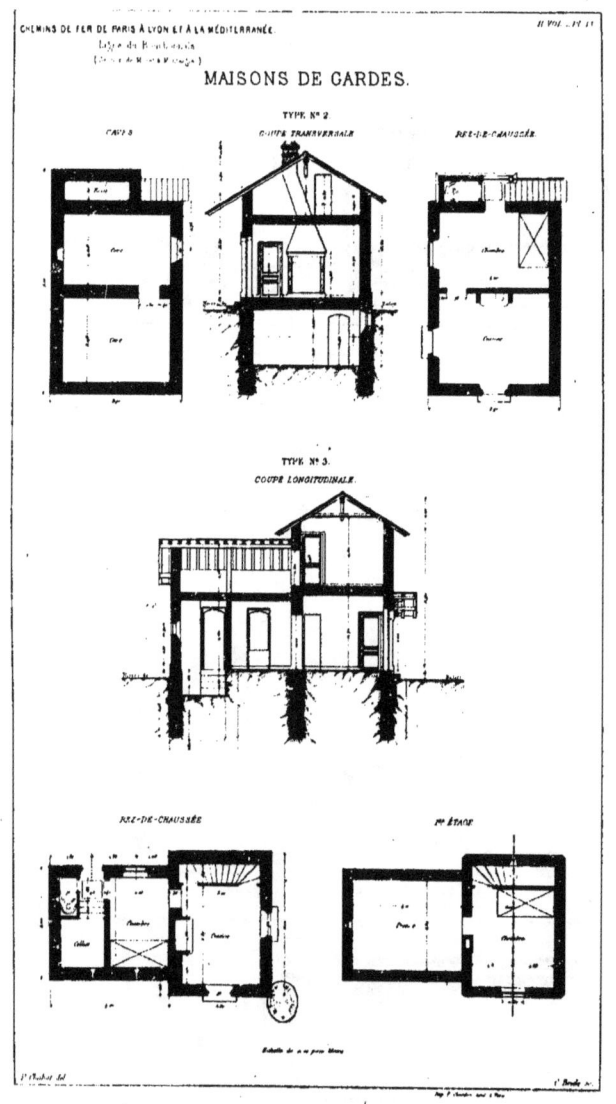

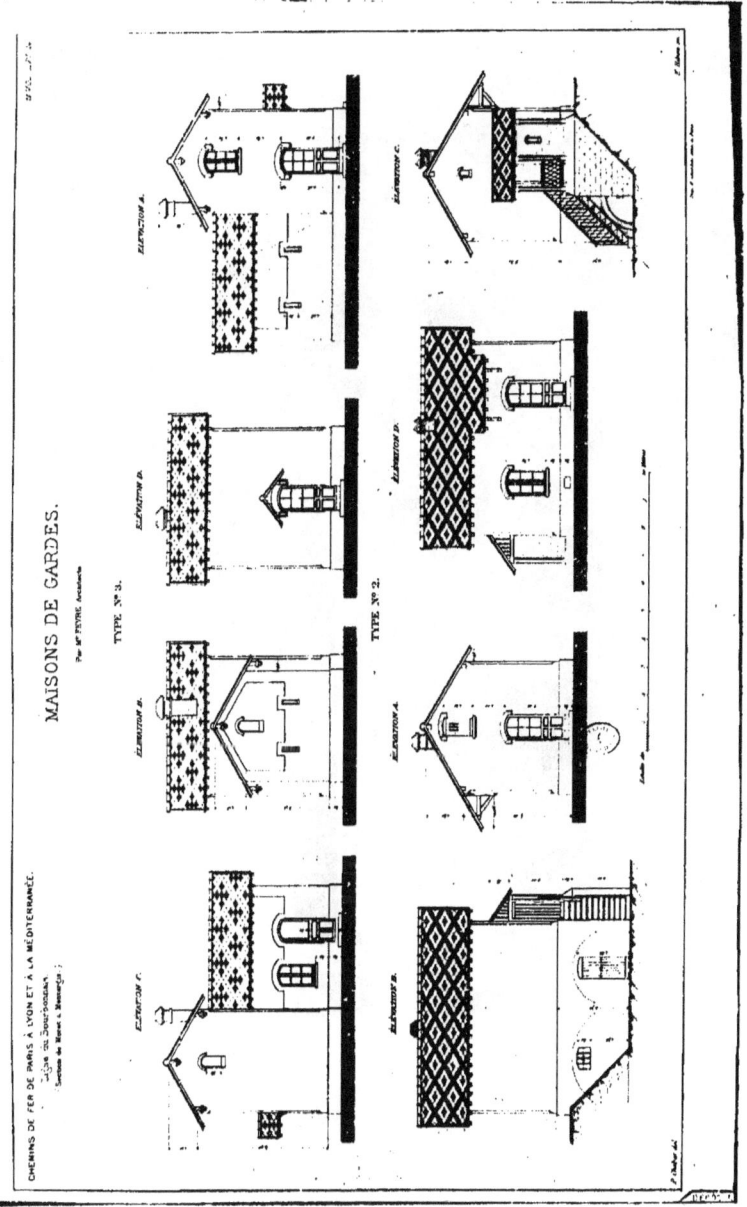

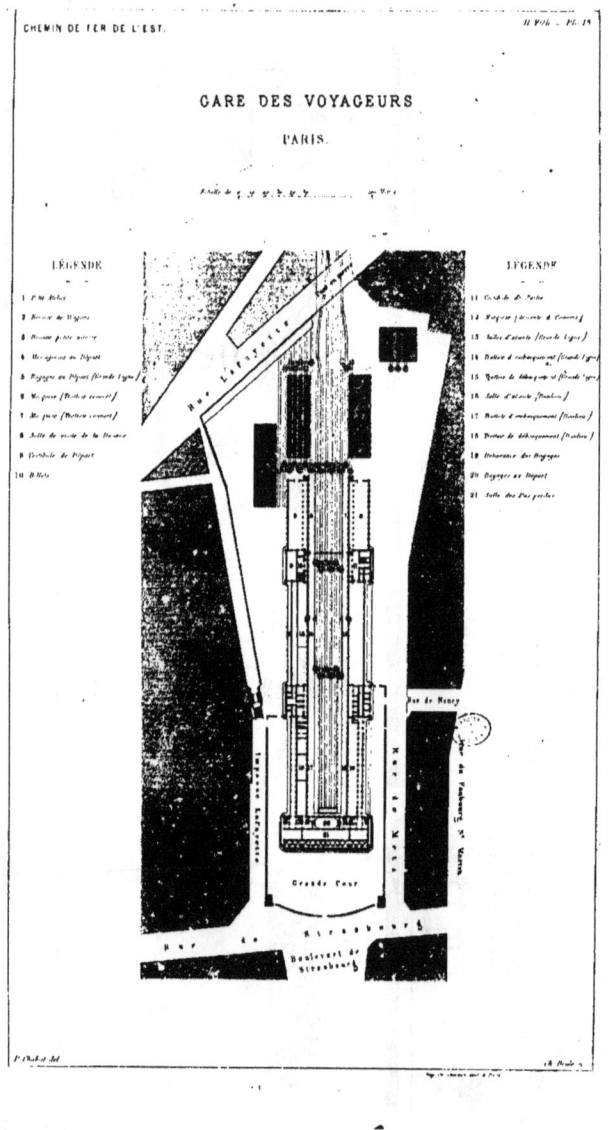

CHEMIN DE FER DE L'EST.

GARE DES MARCHANDISES À LA VILLETTE.

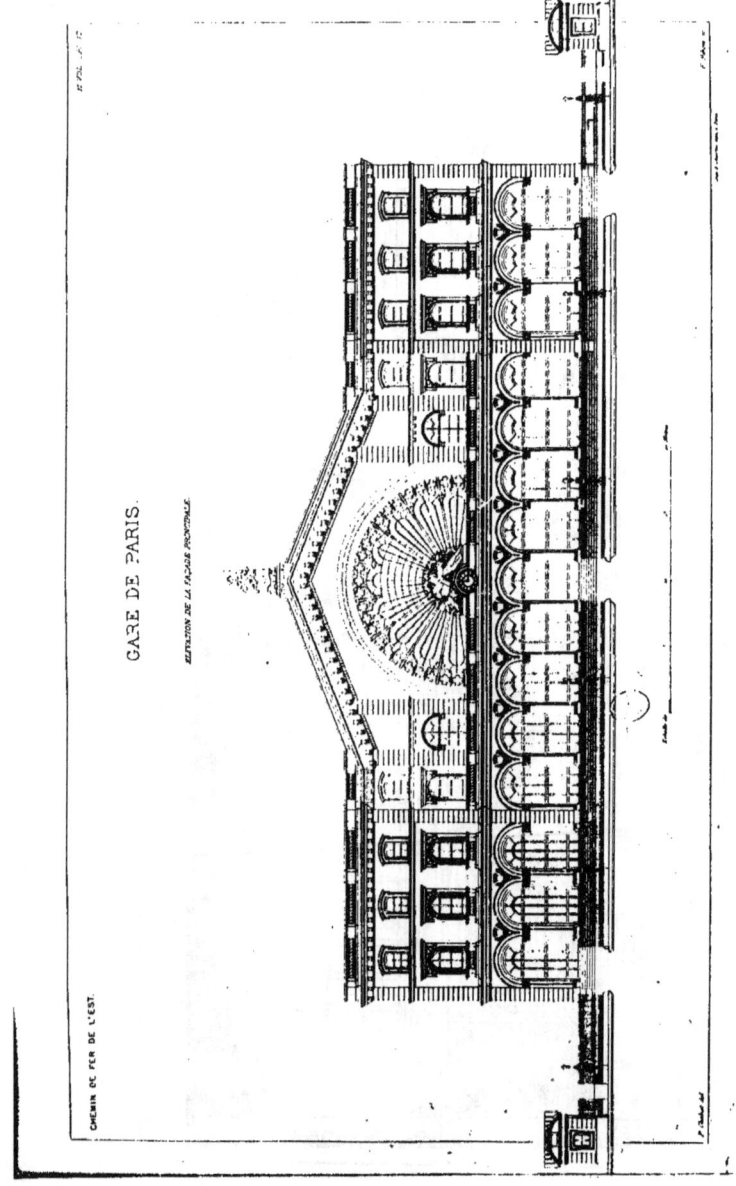

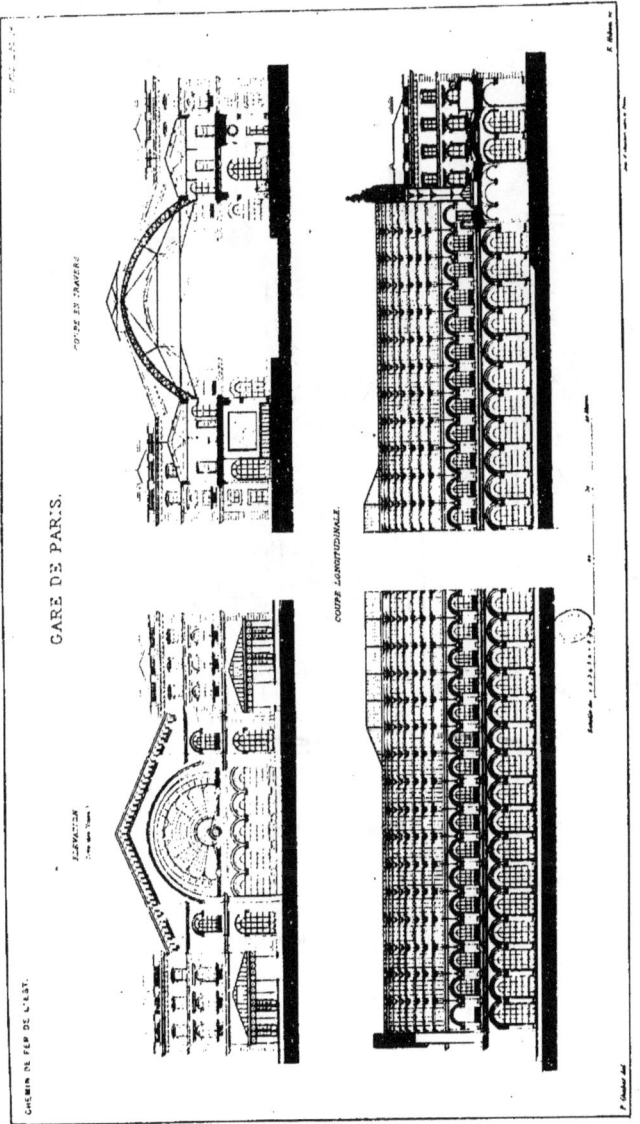

CHEMIN DE FER DE L'EST.

GARE DES VOYAGEURS À PARIS.

FERME.

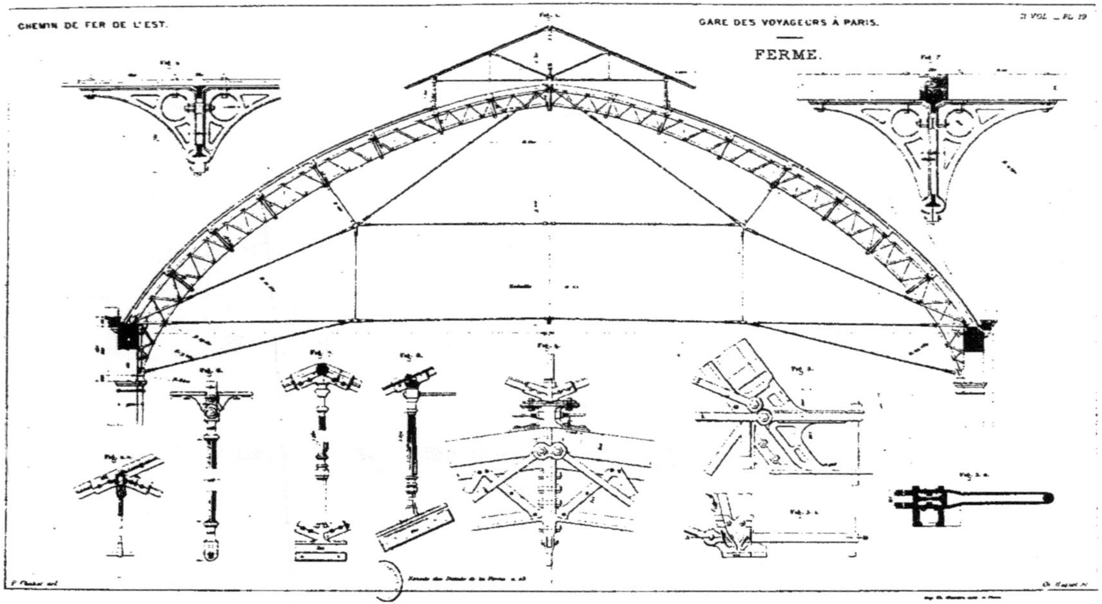

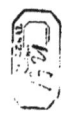

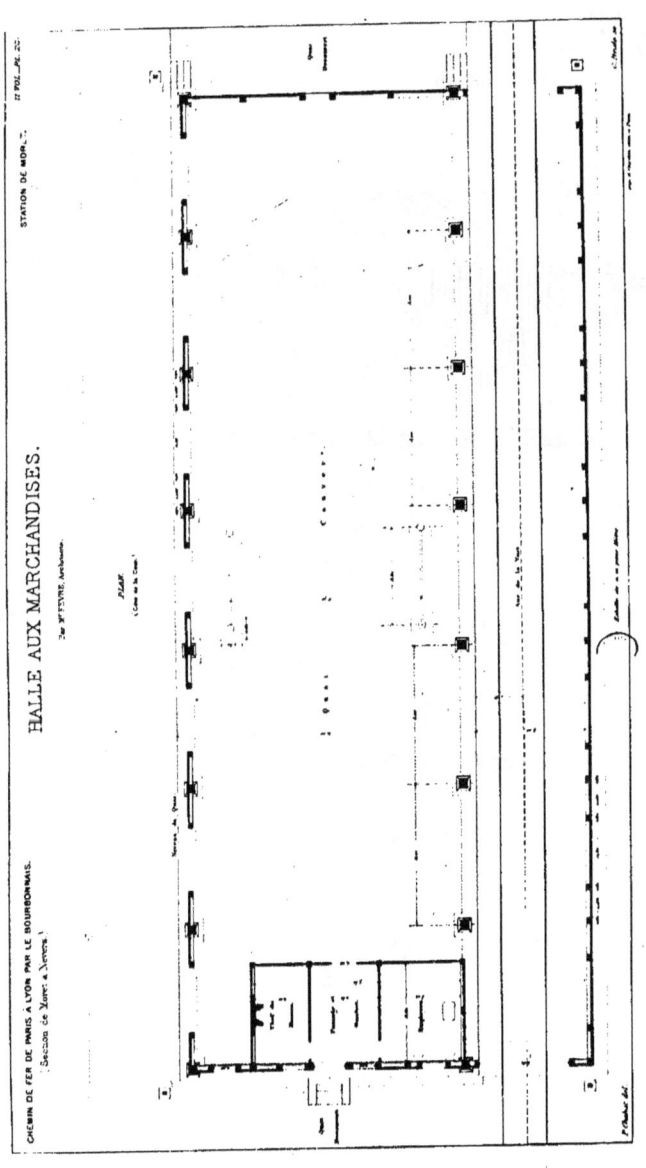

CHEMIN DE FER DE PARIS À LYON PAR LE BOURBONNAIS. STATION DE MORET.
(Section de Moret à Nevers.)

HALLE AUX MARCHANDISES.

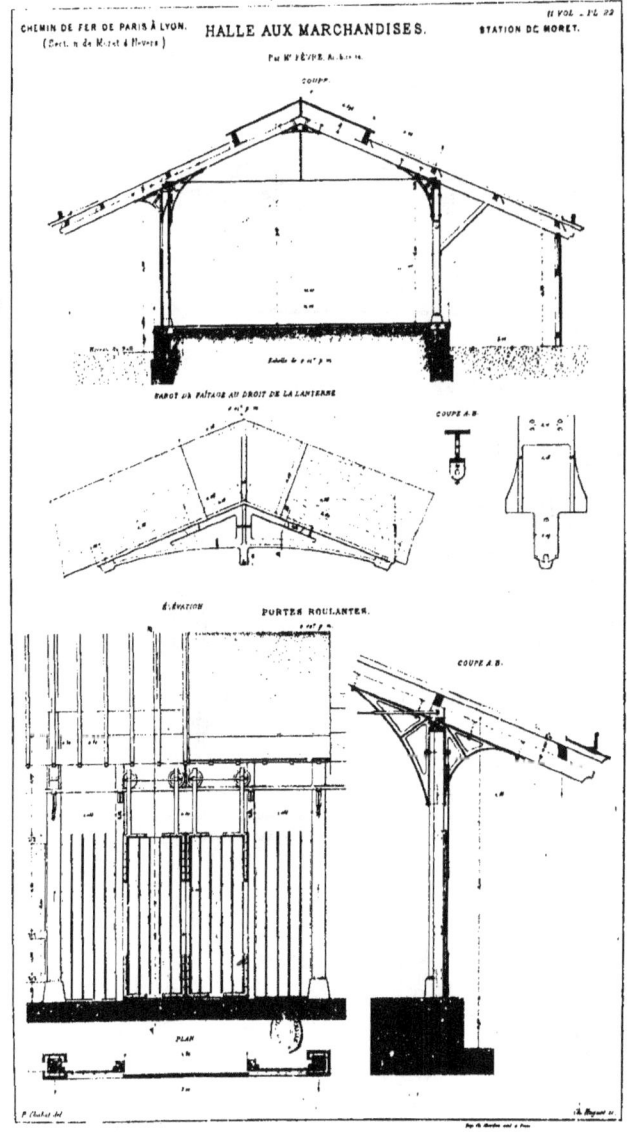

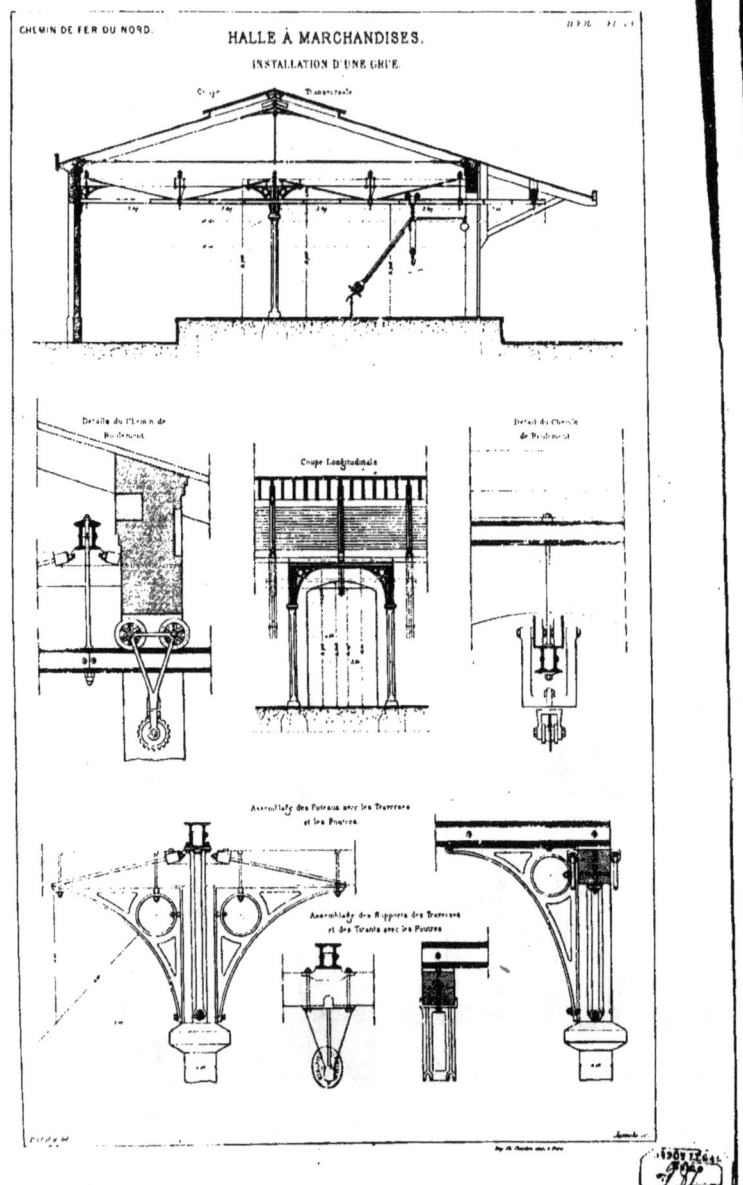

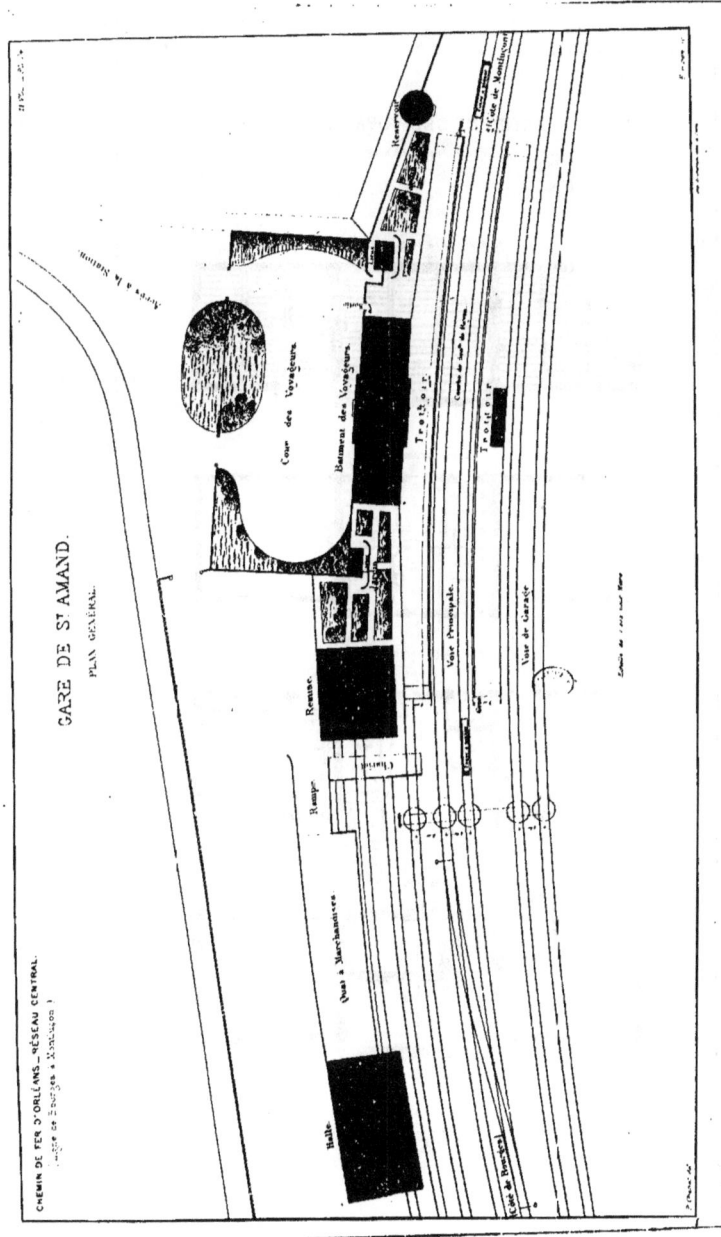

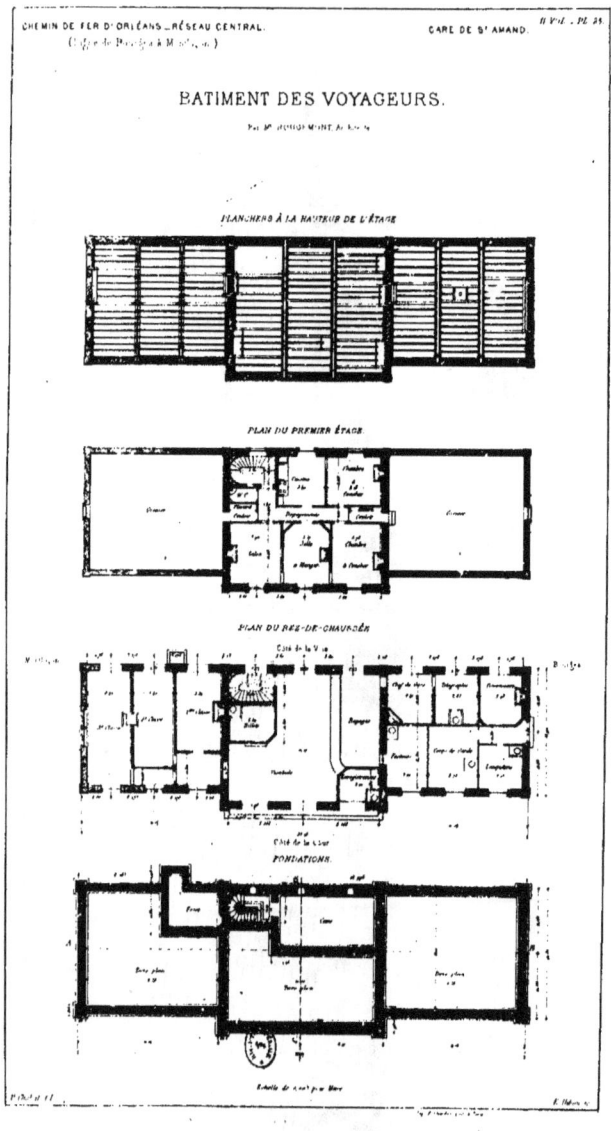

CHEMIN DE FER D'ORLÉANS.—RÉSEAU CENTRAL.
(Ligne de Bourges à Montluçon.)

GARE DE St AMAND.

BATIMENT DES VOYAGEURS.

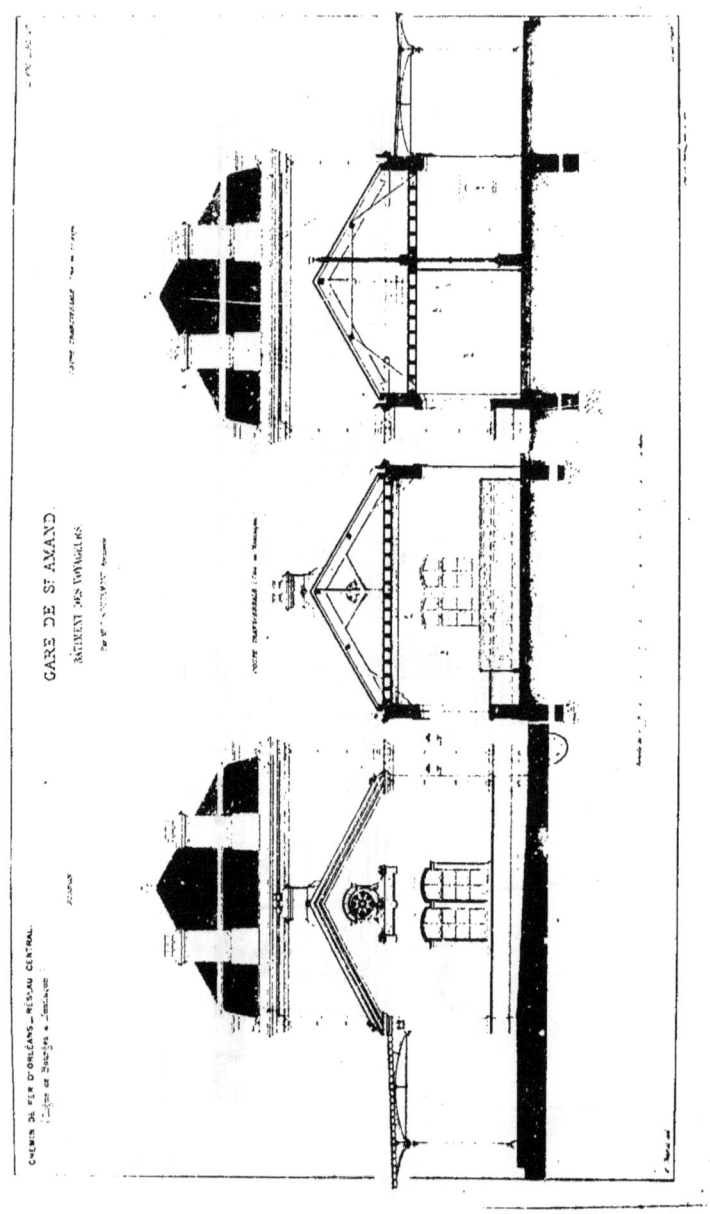

CHEMIN DE FER DU NORD.

STATION DE GOUSSAINVILLE.

BÂTIMENT DES VOYAGEURS.

Élévation sur la cour.

Plan (Côté sur la Voie.)

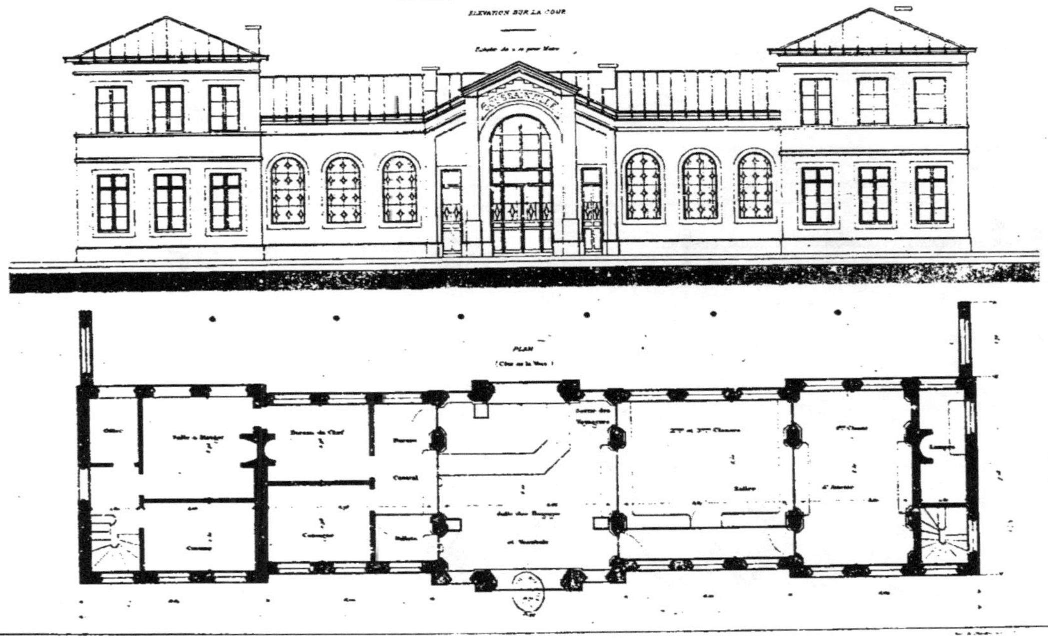

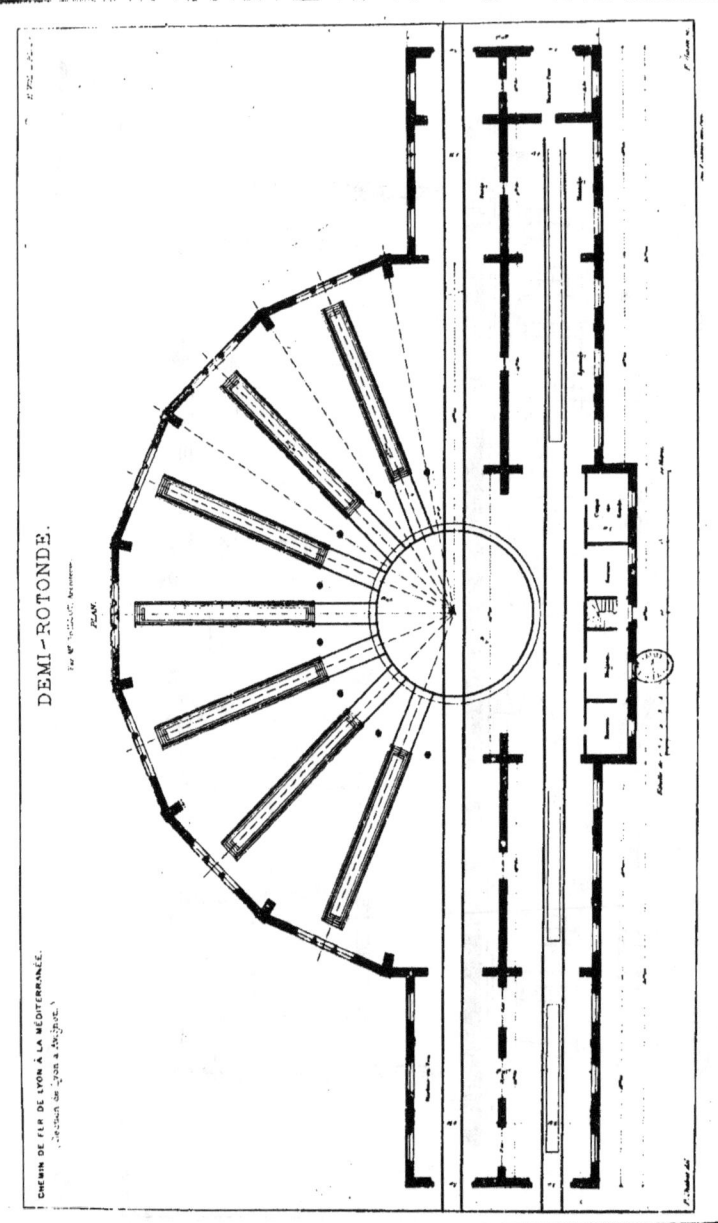

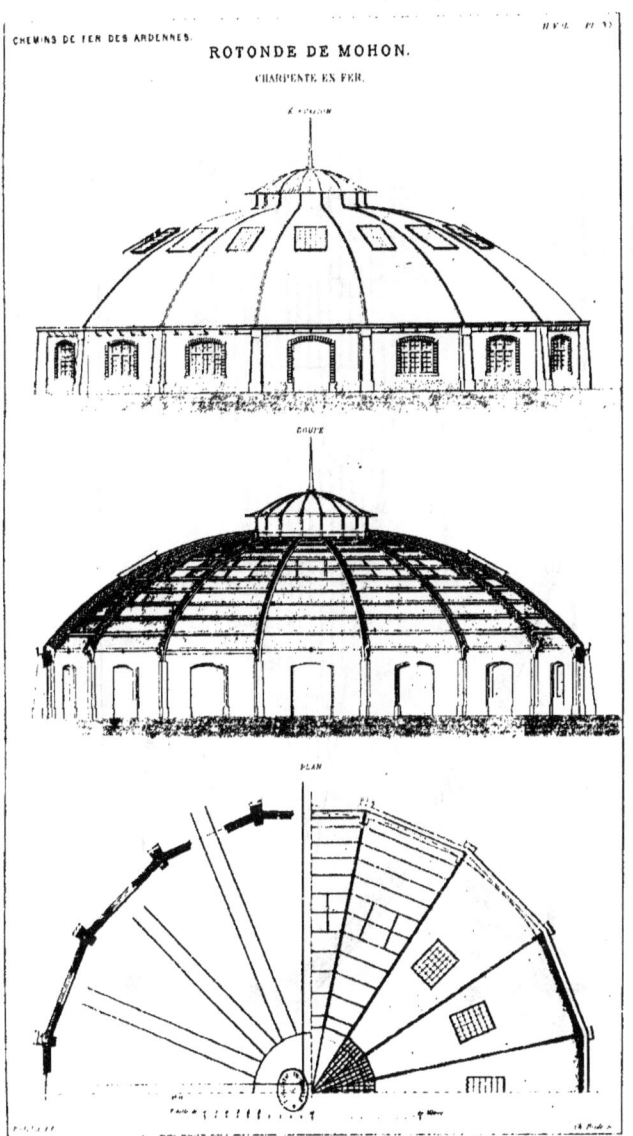

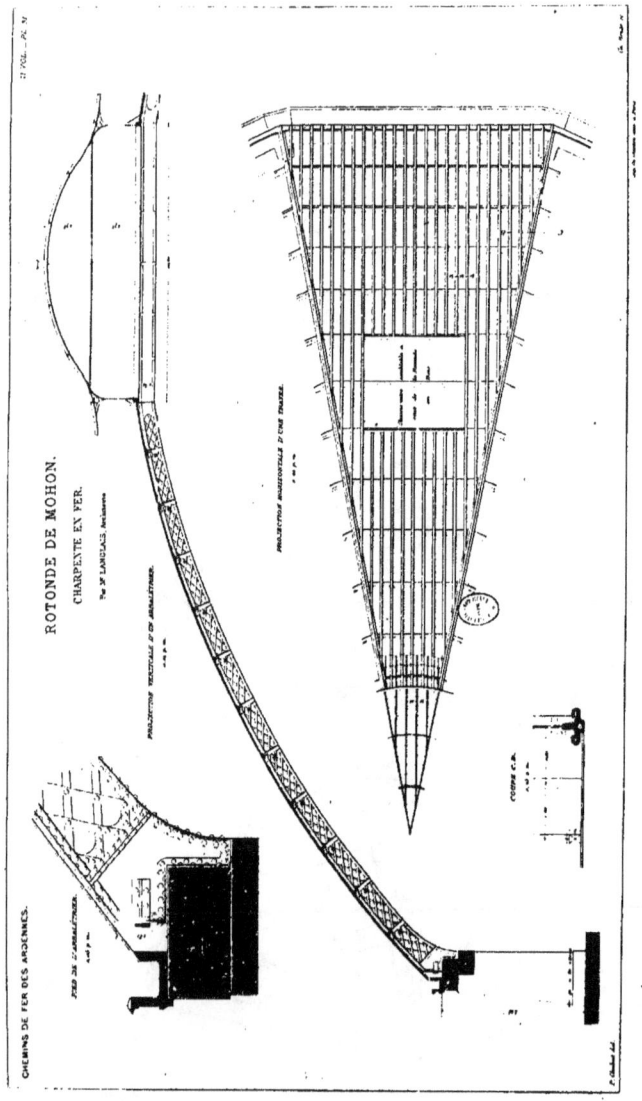

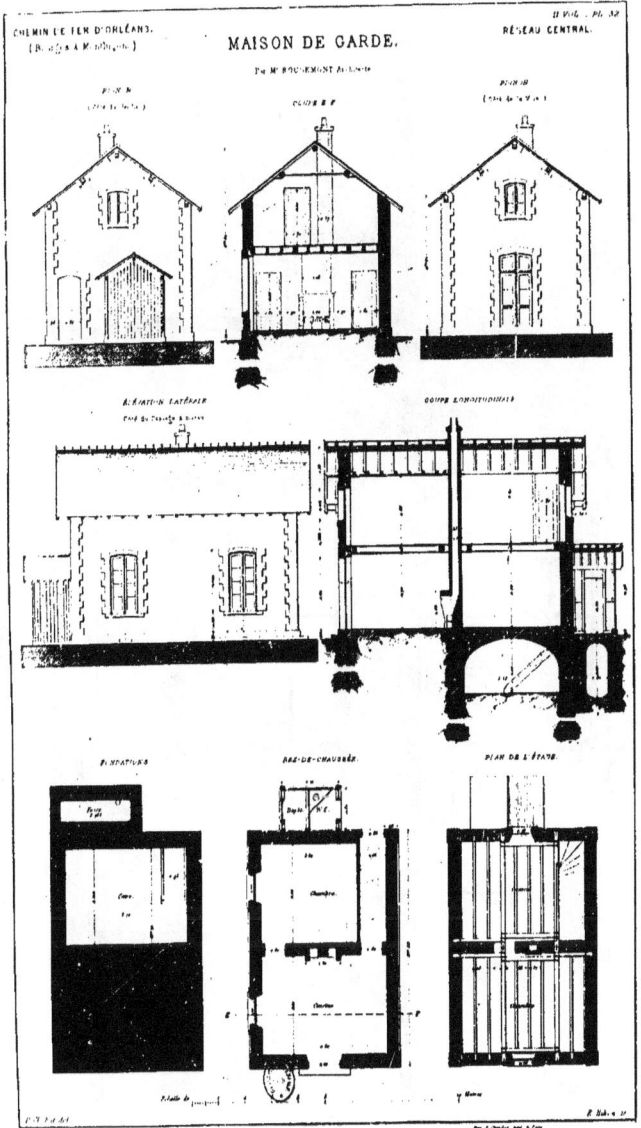

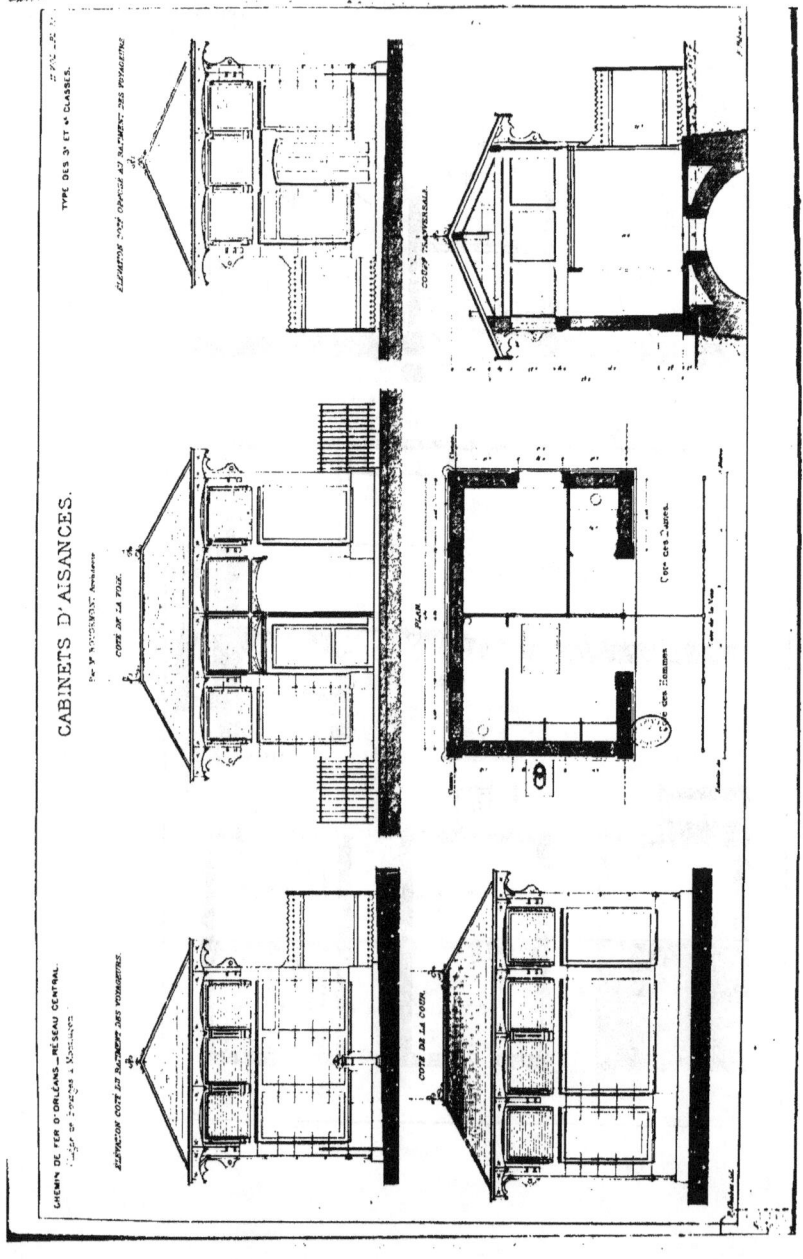

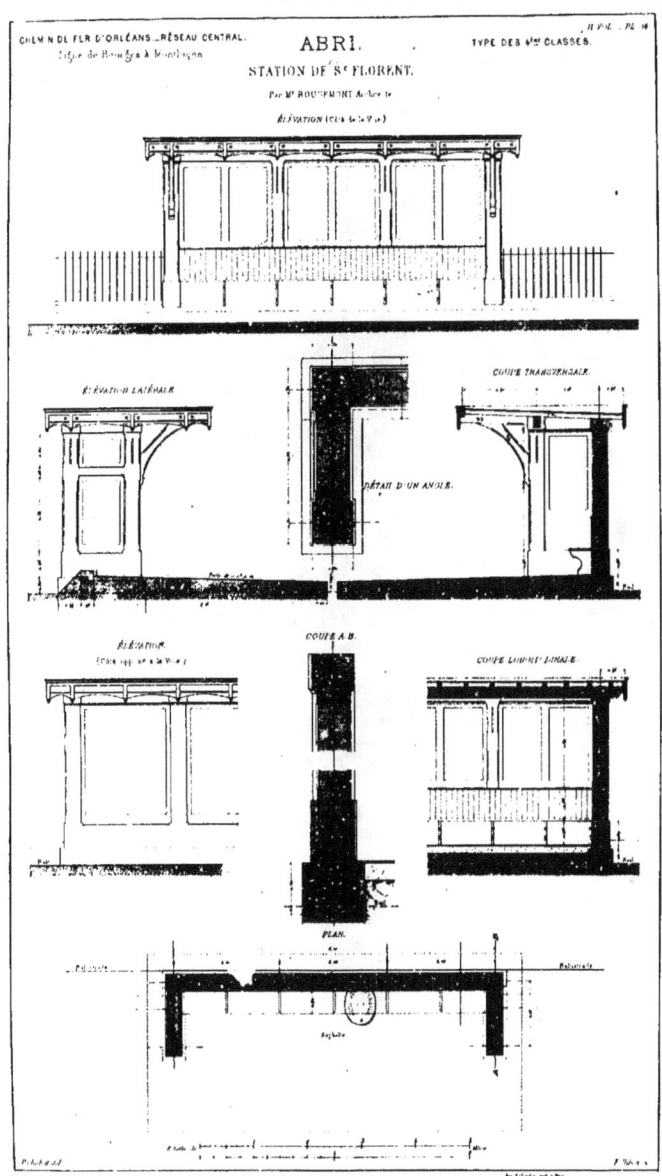

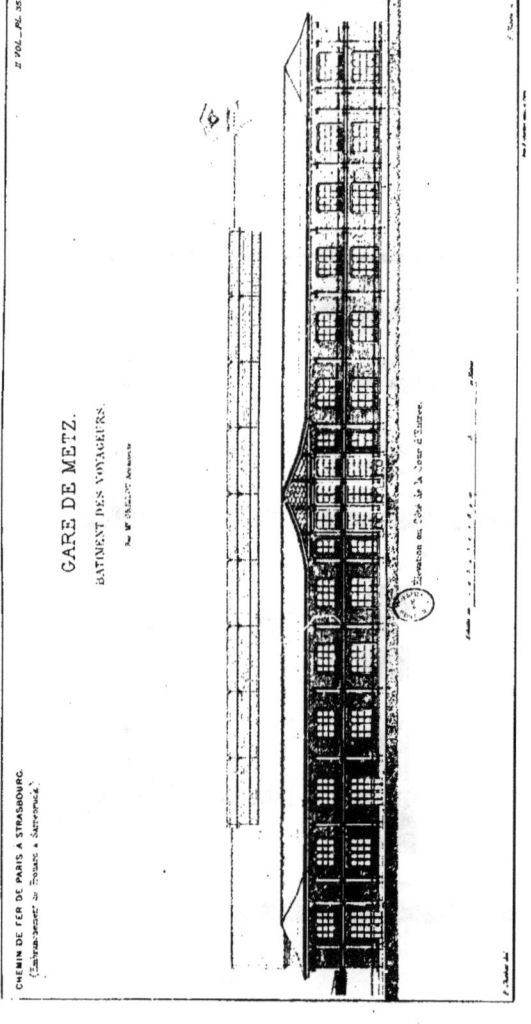

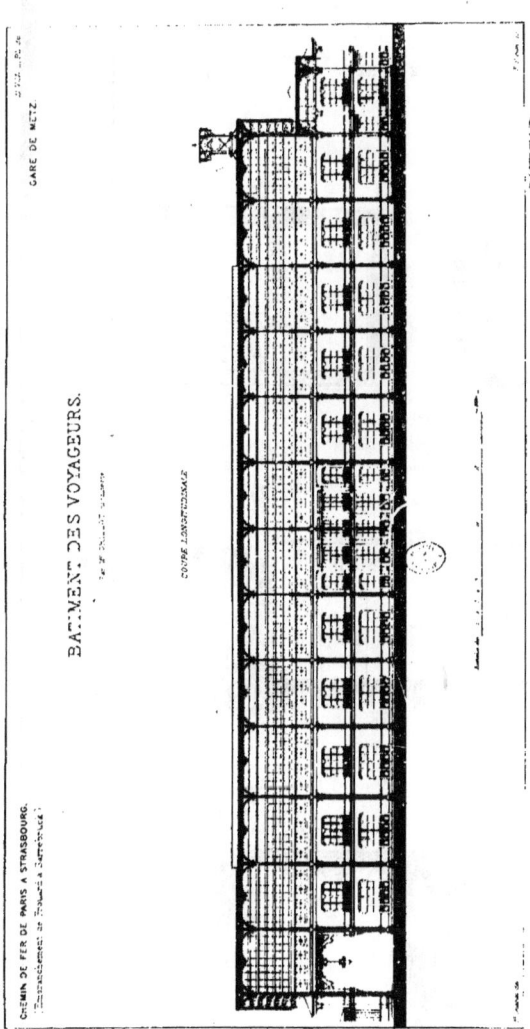

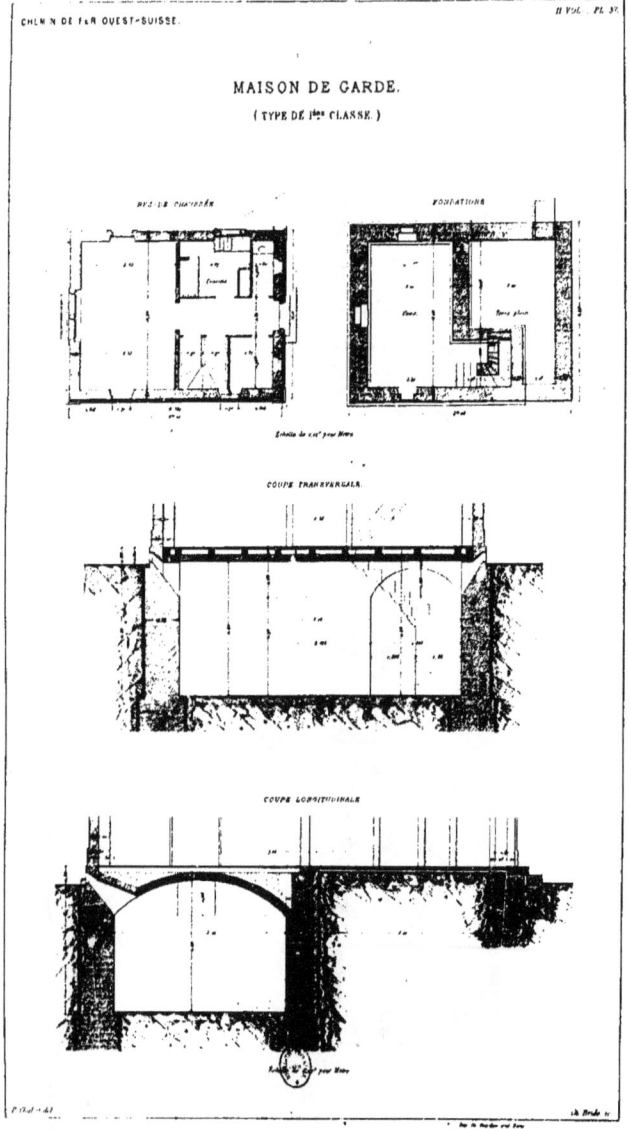

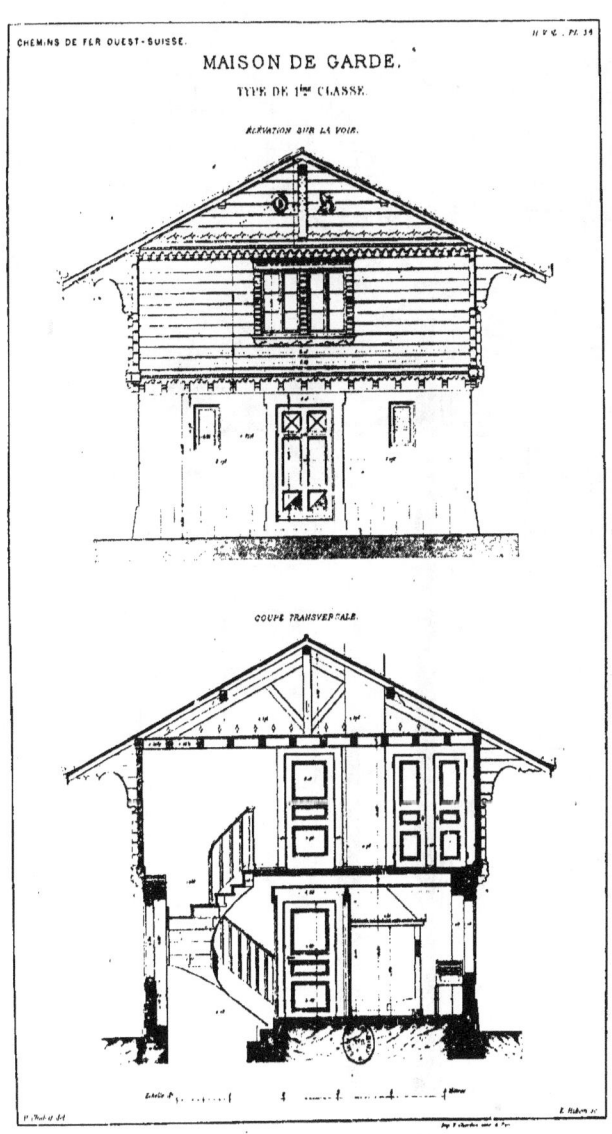

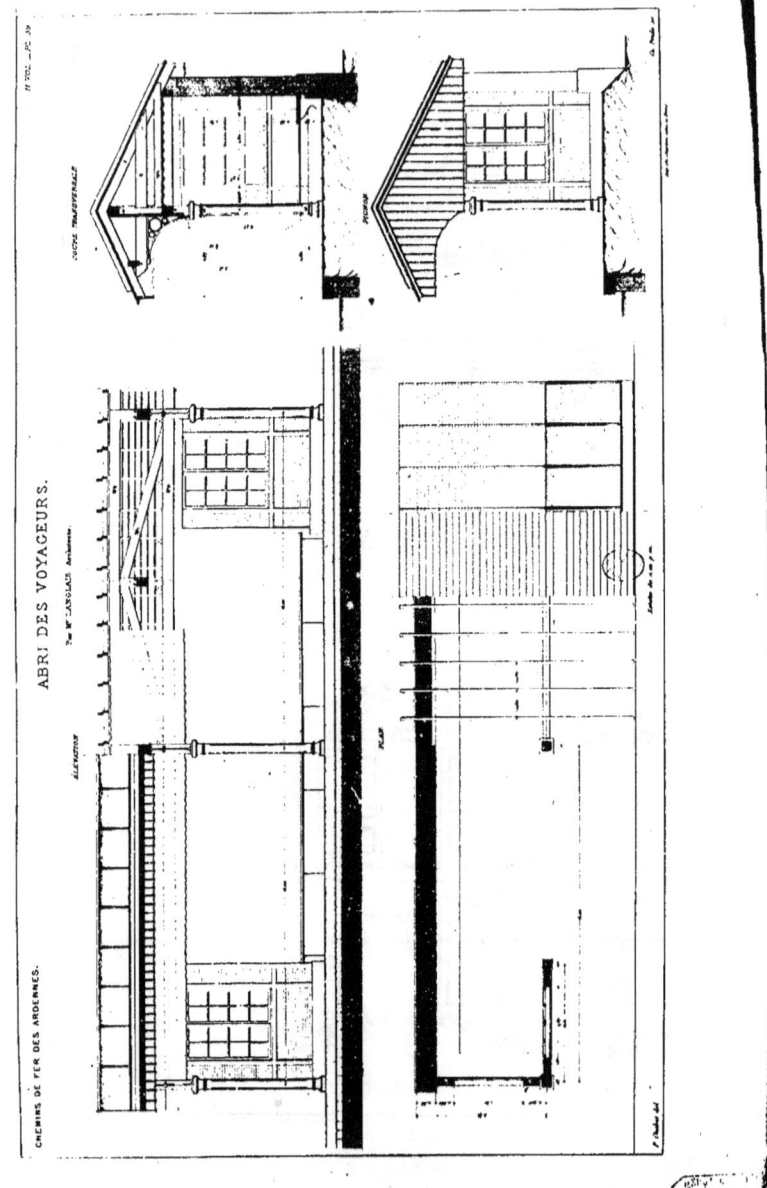

CHEMINS DE FER DES ARDENNES.

HALLE À MARCHANDISES DE BEAUVAIS.

Par M. LAVALLEY, Ingénieur.

FAÇADE LONGITUDINALE.

PLAN.

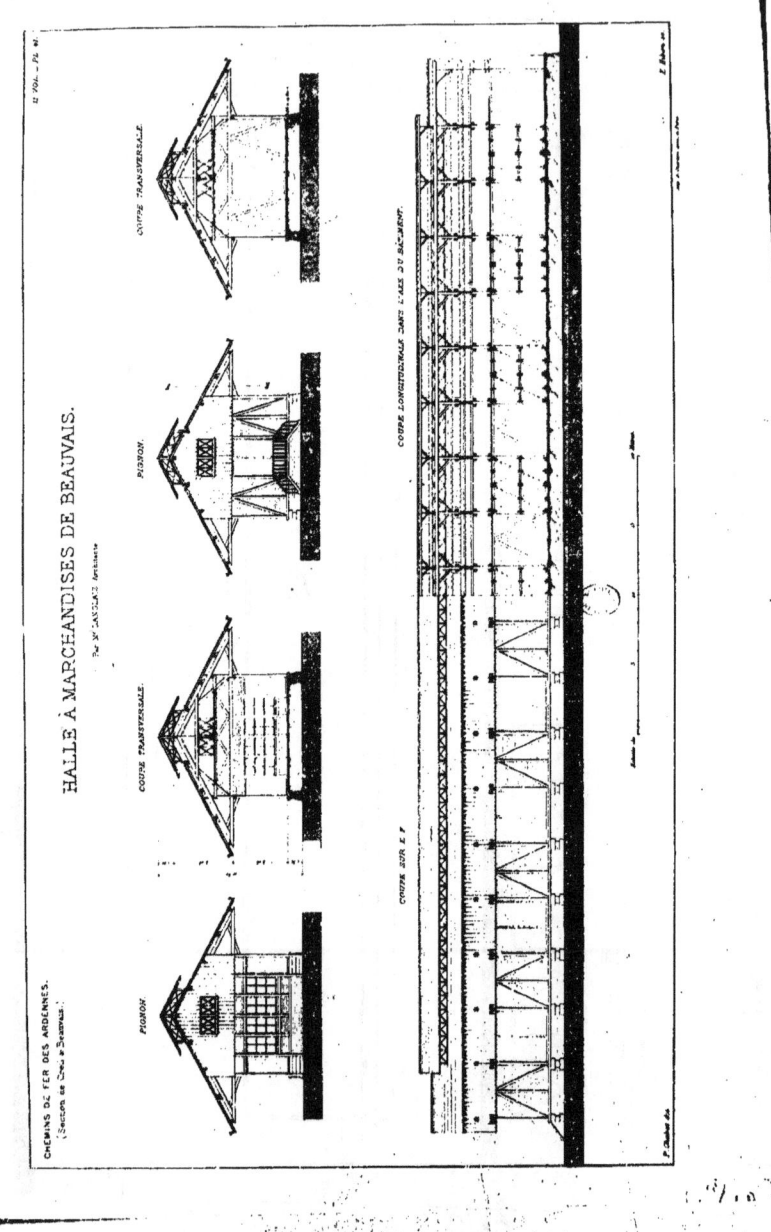

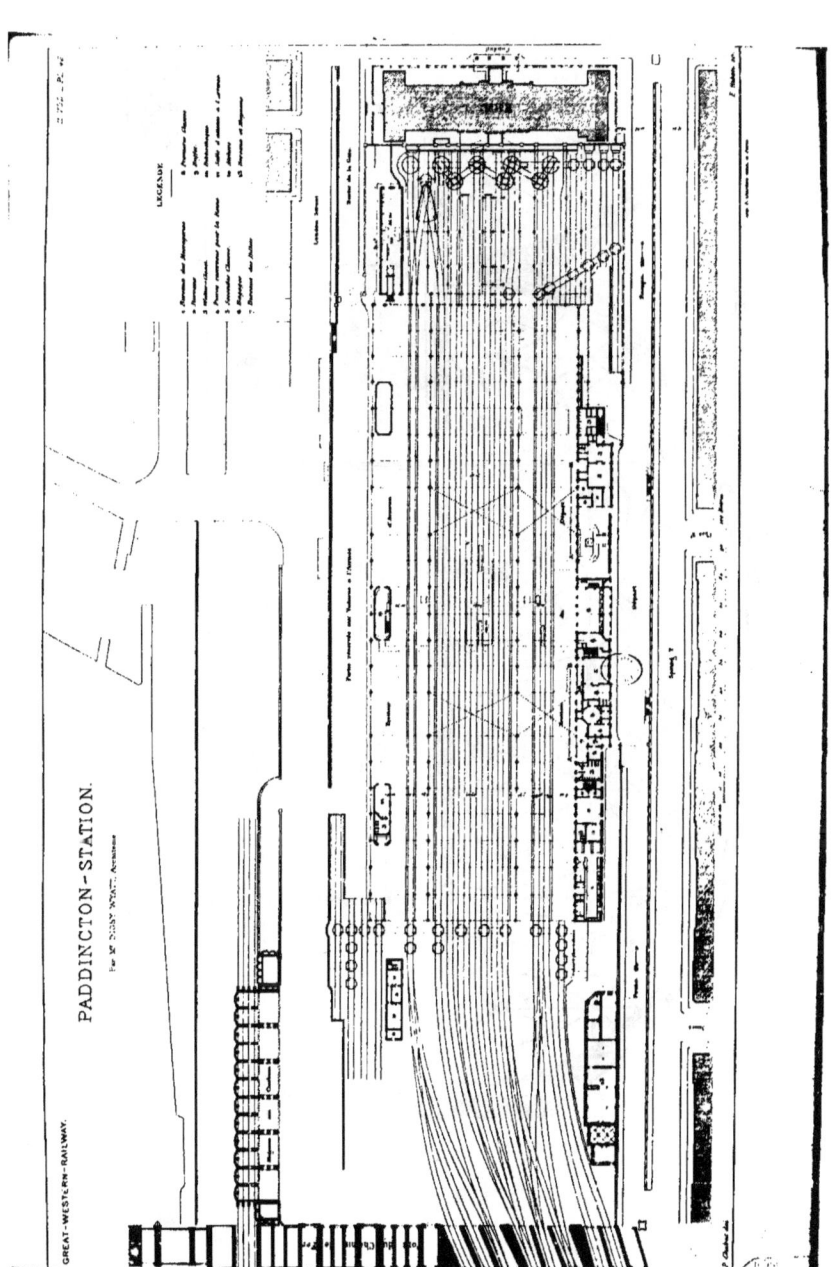

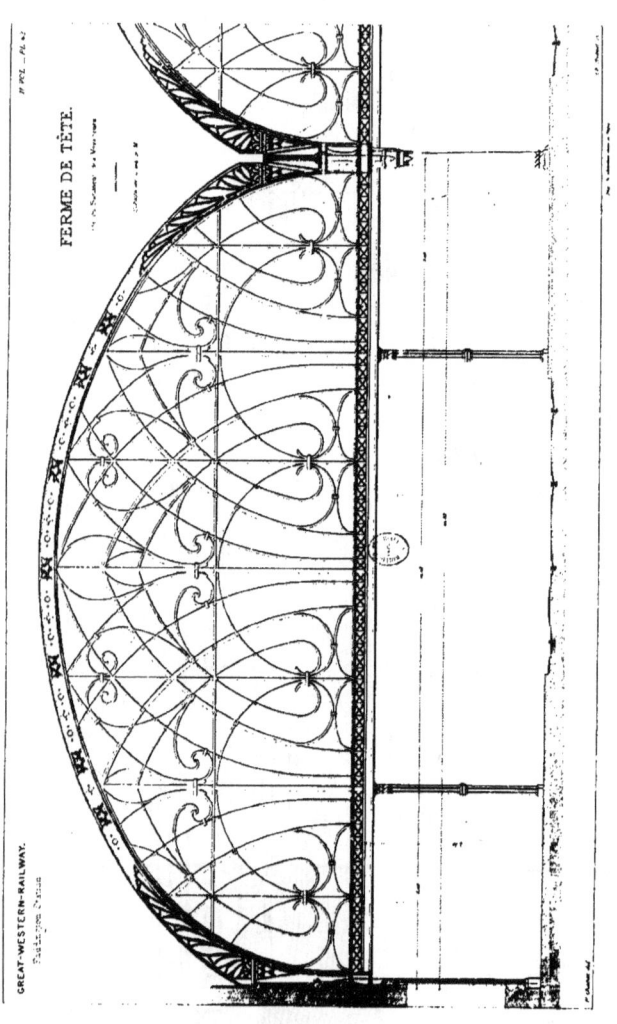

GREAT-WESTERN-RAILWAY.
FERME DE TÊTE.

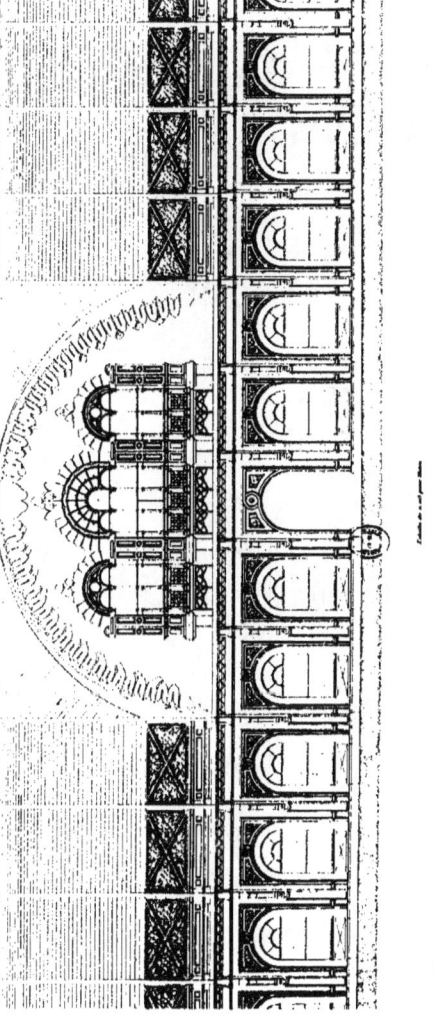

GREAT-WESTERN-RAILWAY
PADDINGTON STATION

FACE INTÉRIEURE

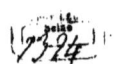

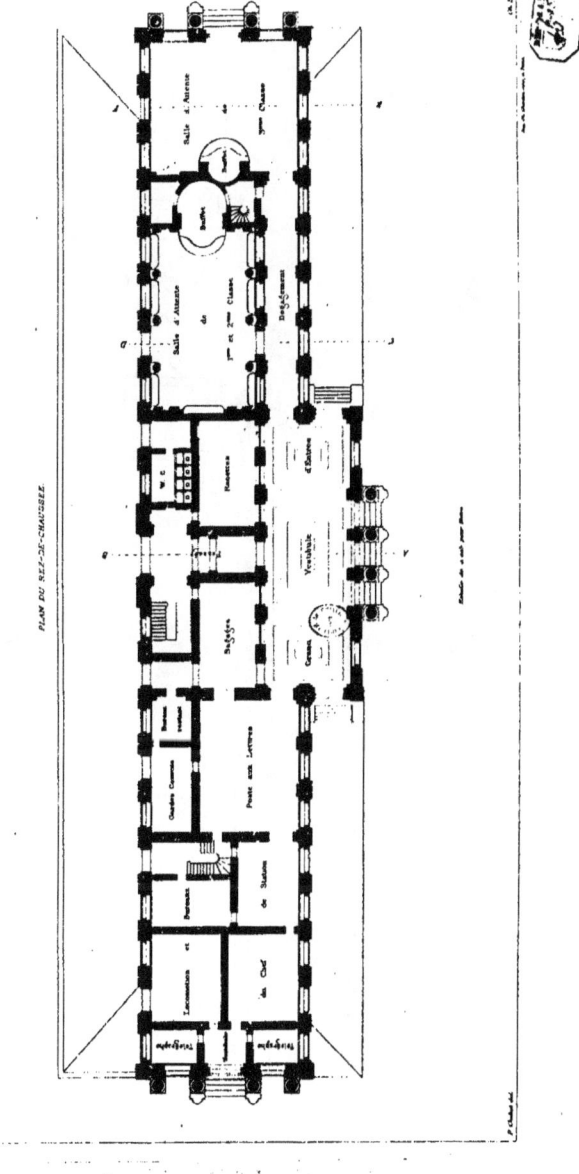

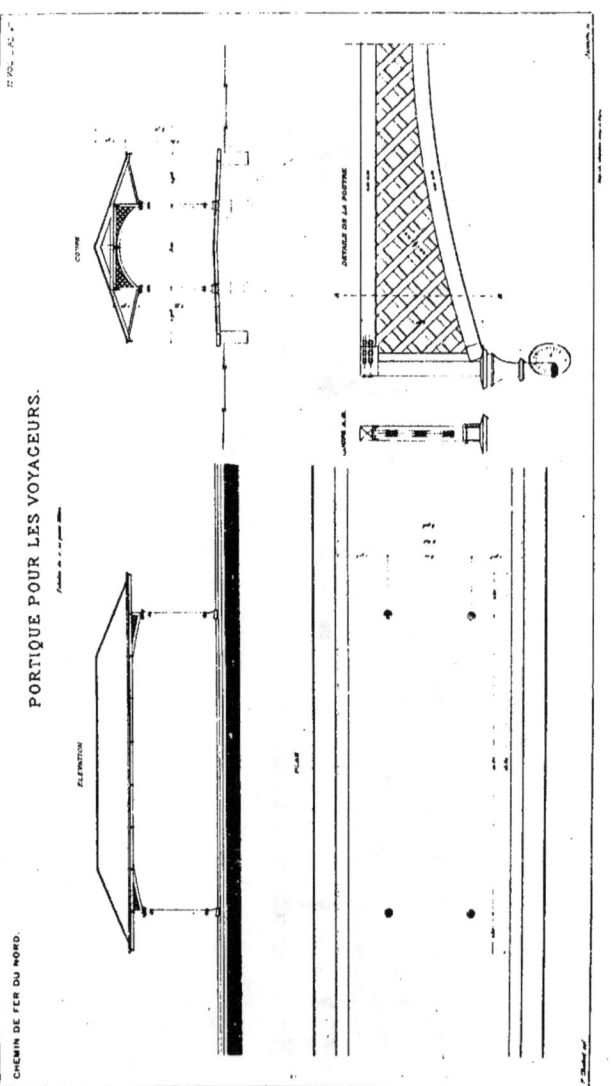

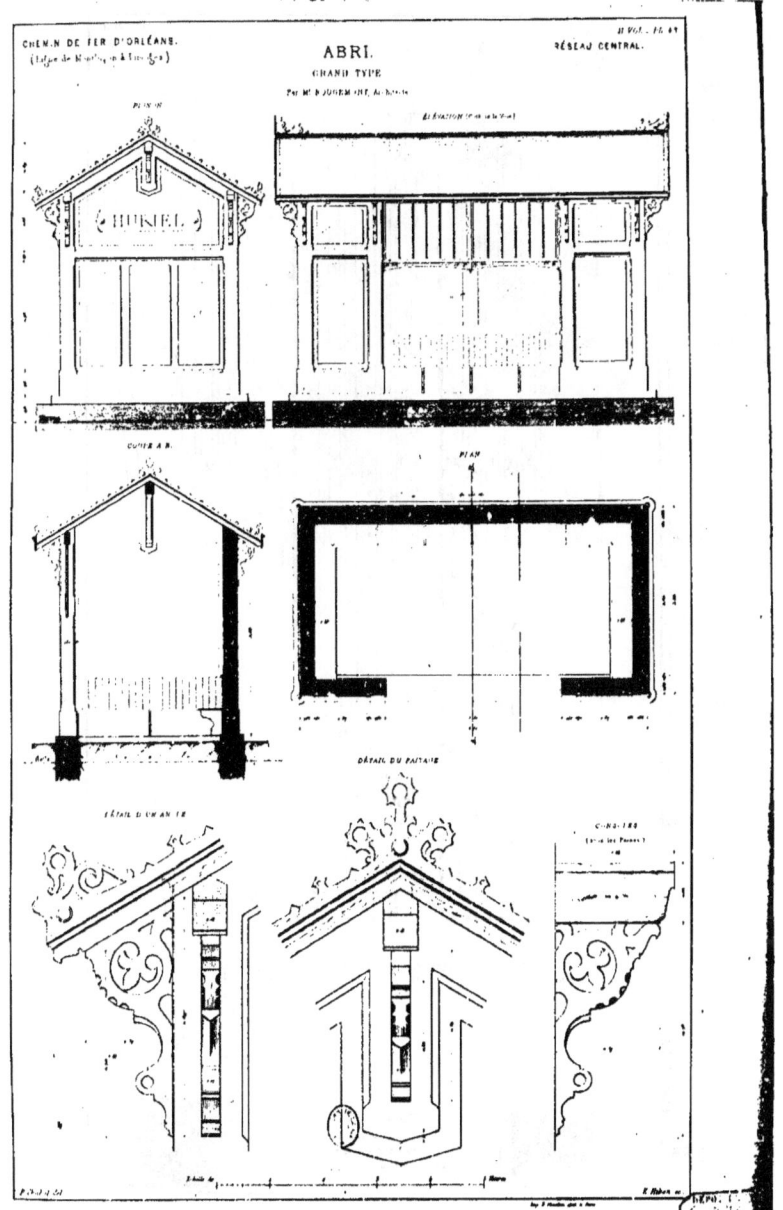

CHEMIN DE FER DU NORD.   GARE DE PARIS.

CHEMIN DE FER DU NORD.

GARE DE PARIS.

ÉLÉVATION PRINCIPALE.

COUPE TRANSVERSALE.

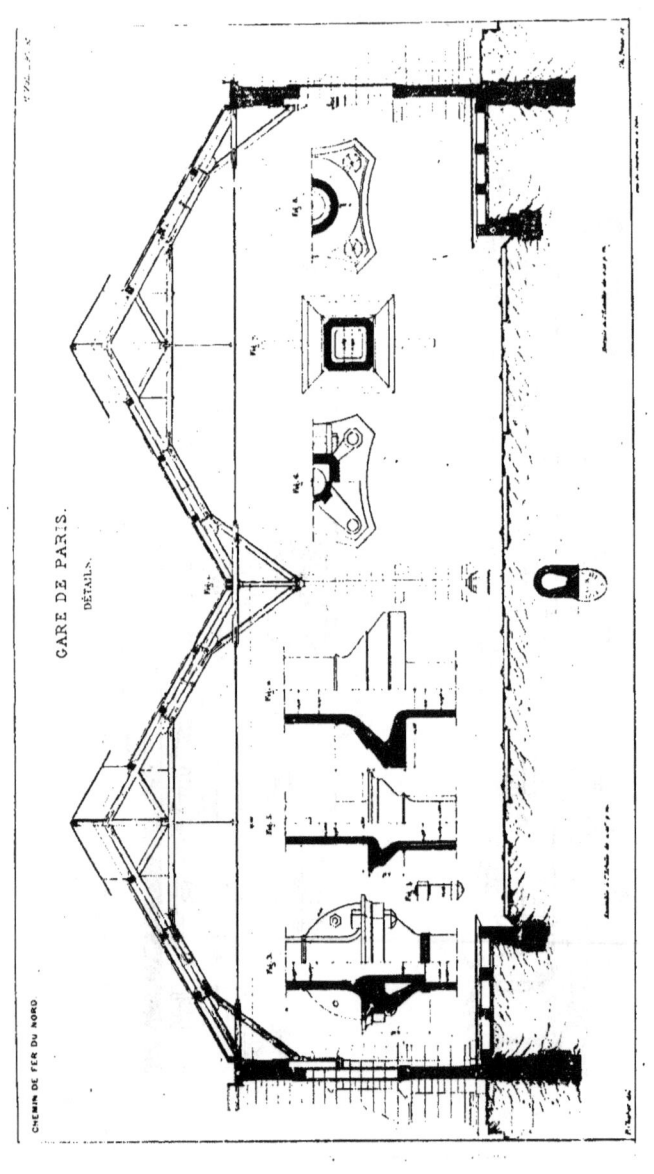

CHEMIN DE FER DU NORD.

GARE DE PARIS.

DÉTAILS.

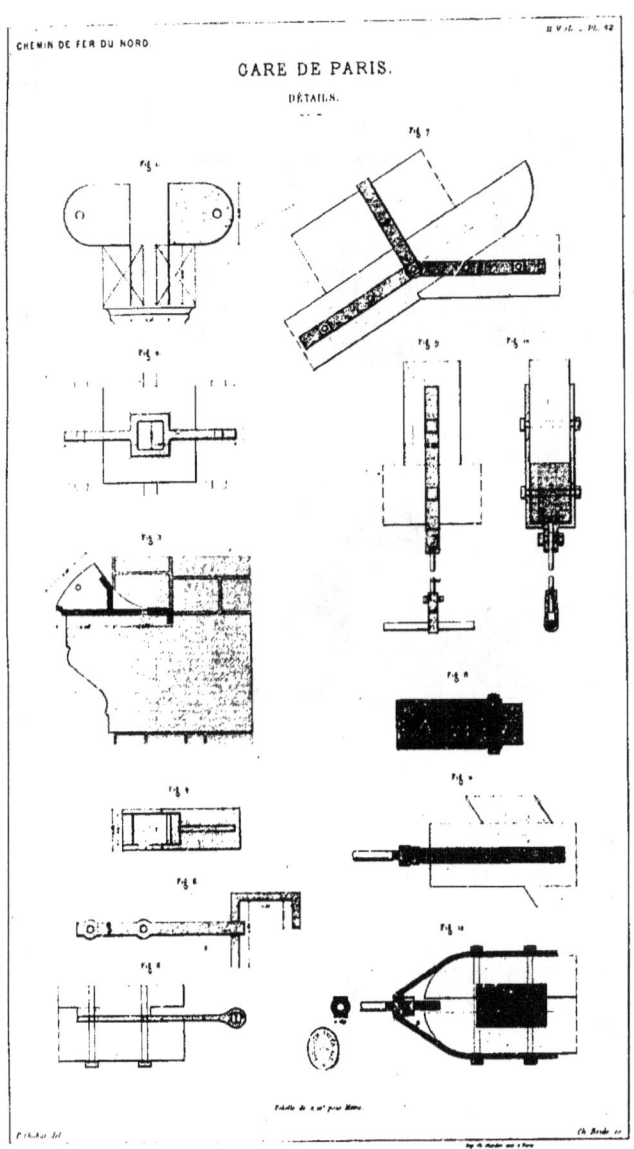

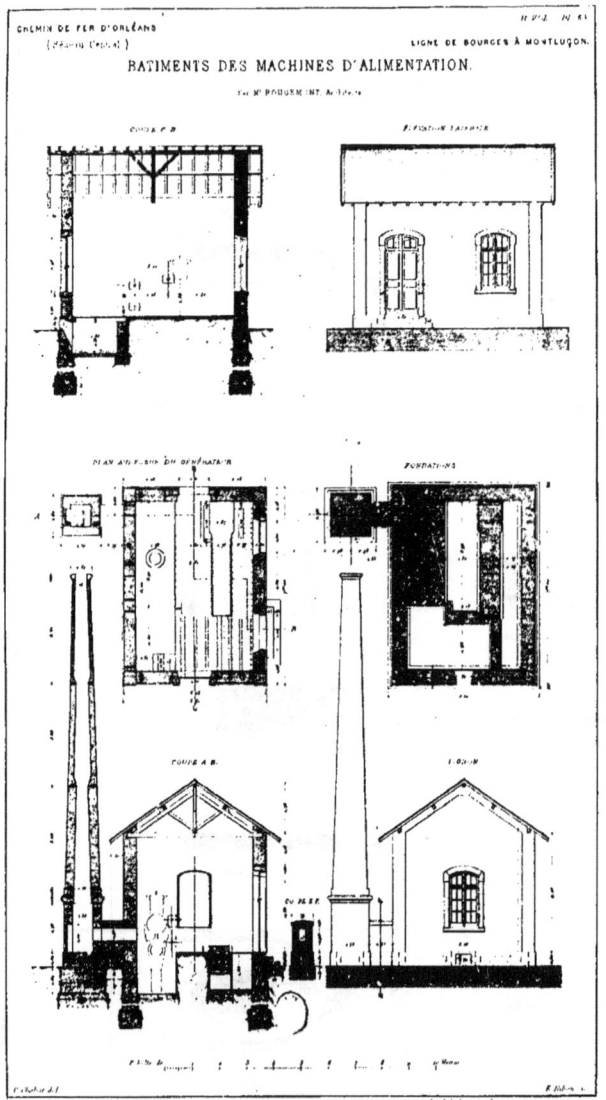

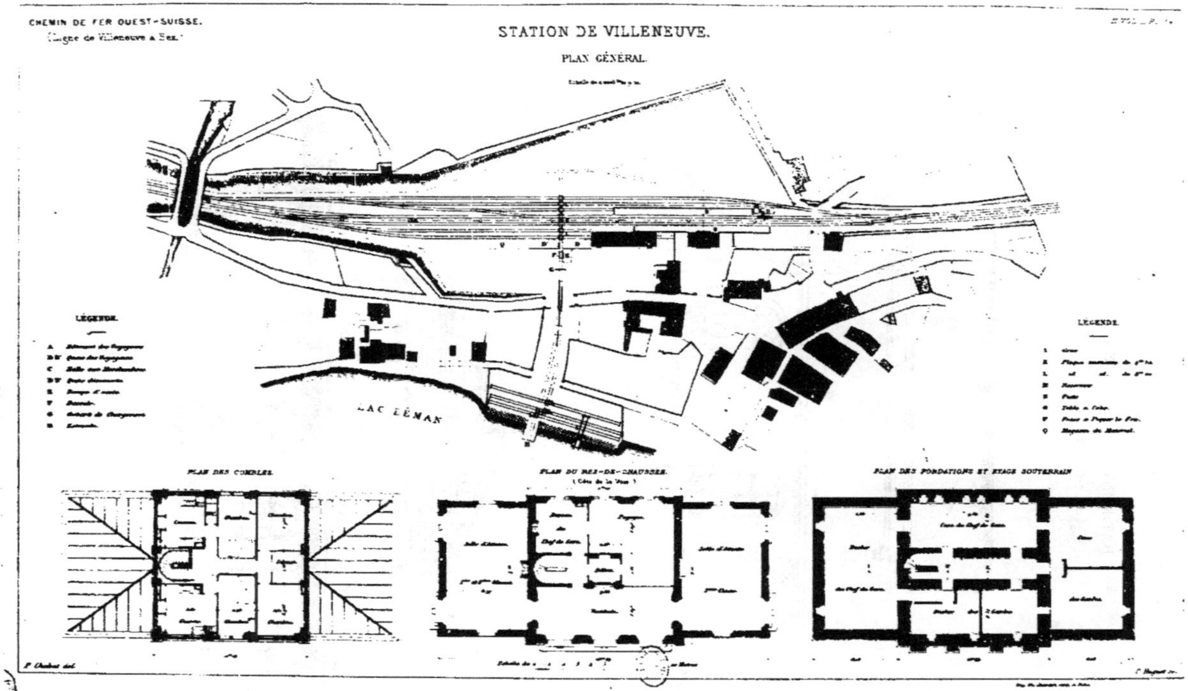
CHEMIN DE FER OUEST-SUISSE.
STATION DE VILLENEUVE.
PLAN GÉNÉRAL.
LÉGENDE.
LÉGENDE.
LAC LÉMAN
PLAN DES COMBLES.
PLAN DU REZ-DE-CHAUSSÉE.
PLAN DES FONDATIONS ET ÉTAGE SOUTERRAIN

CHEMINS DE FER OUEST-SUISSE

BATIMENT DES VOYAGEURS.
TYPE DE 2ᵐᵉ CLASSE

FACE LATÉRALE

ÉLÉVATION
(Côté de la Voie)

VILLENEUVE

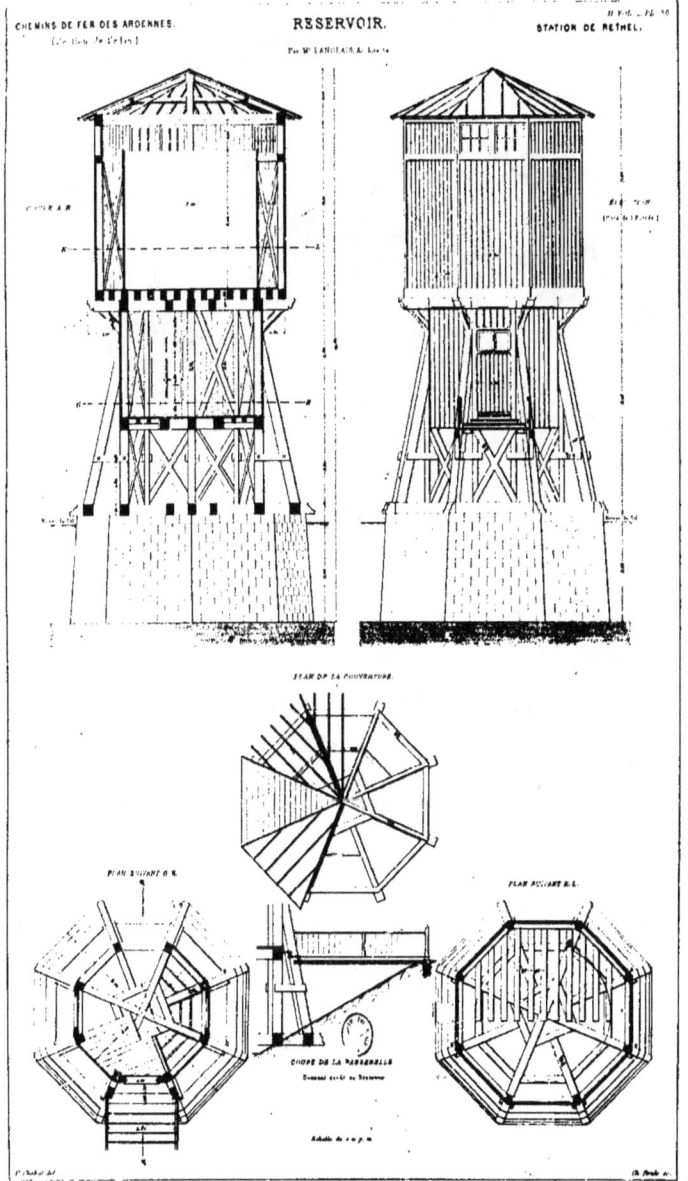

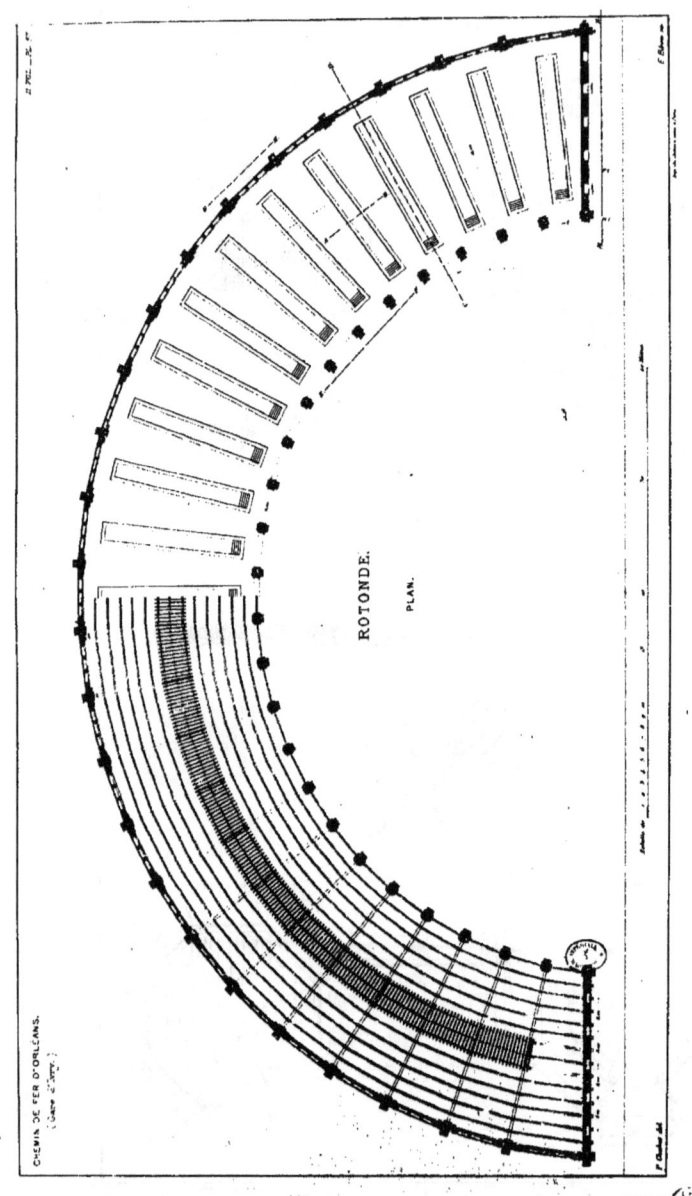

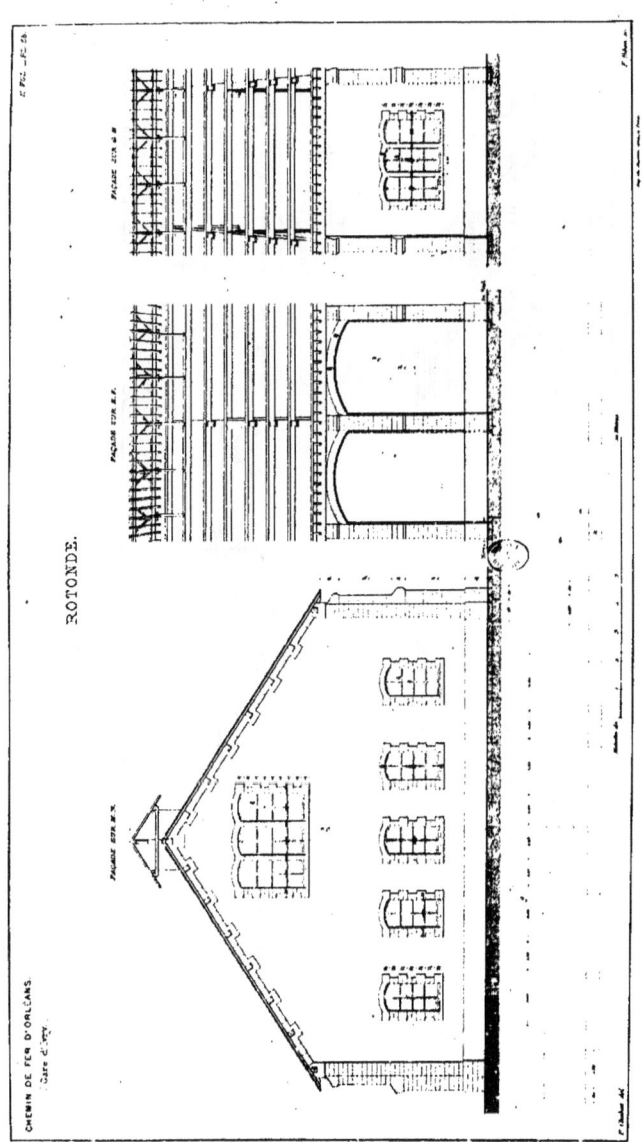

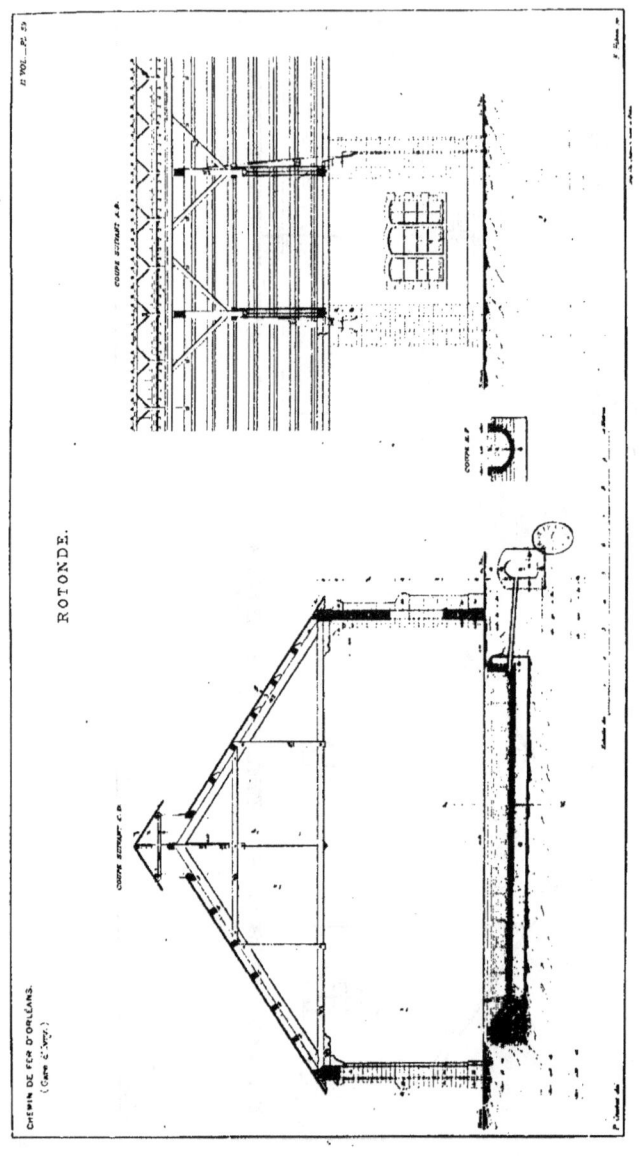

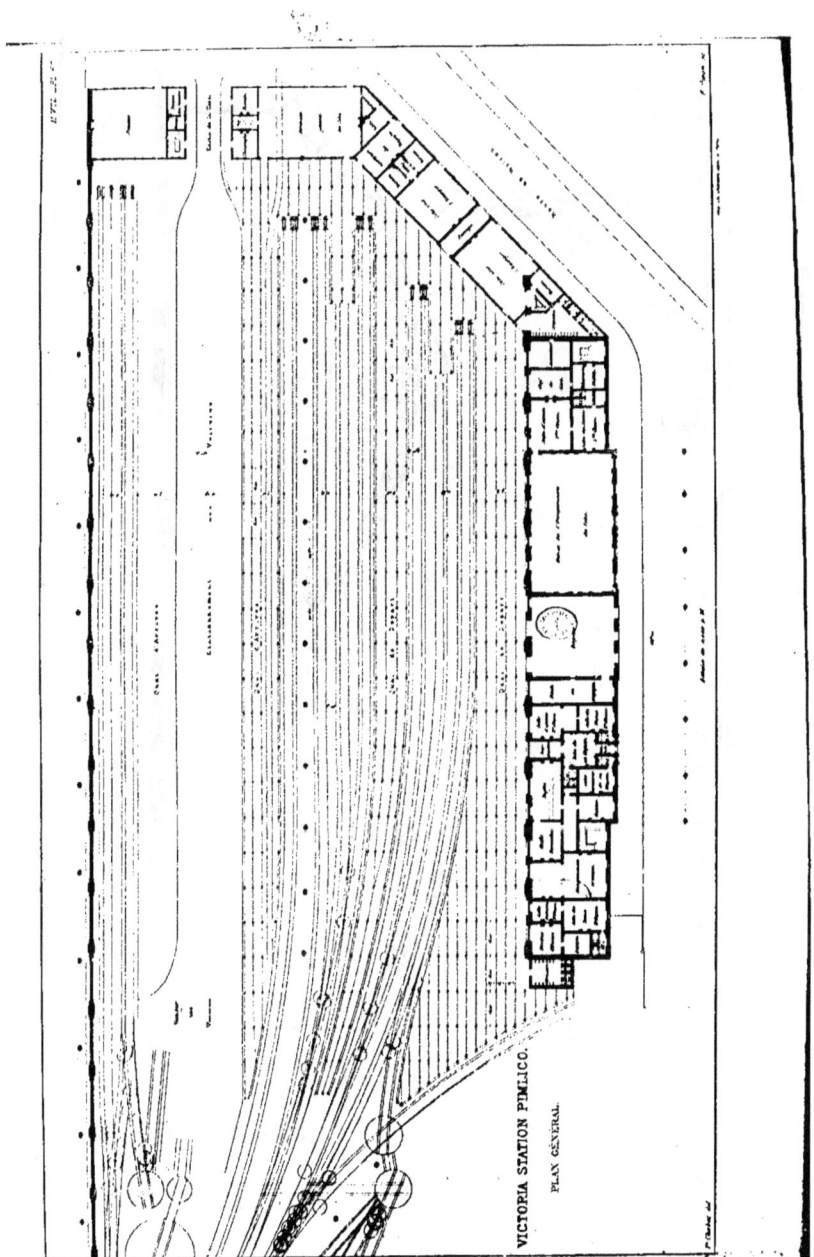

VICTORIA STATION PIMLICO.
PLAN GÉNÉRAL.

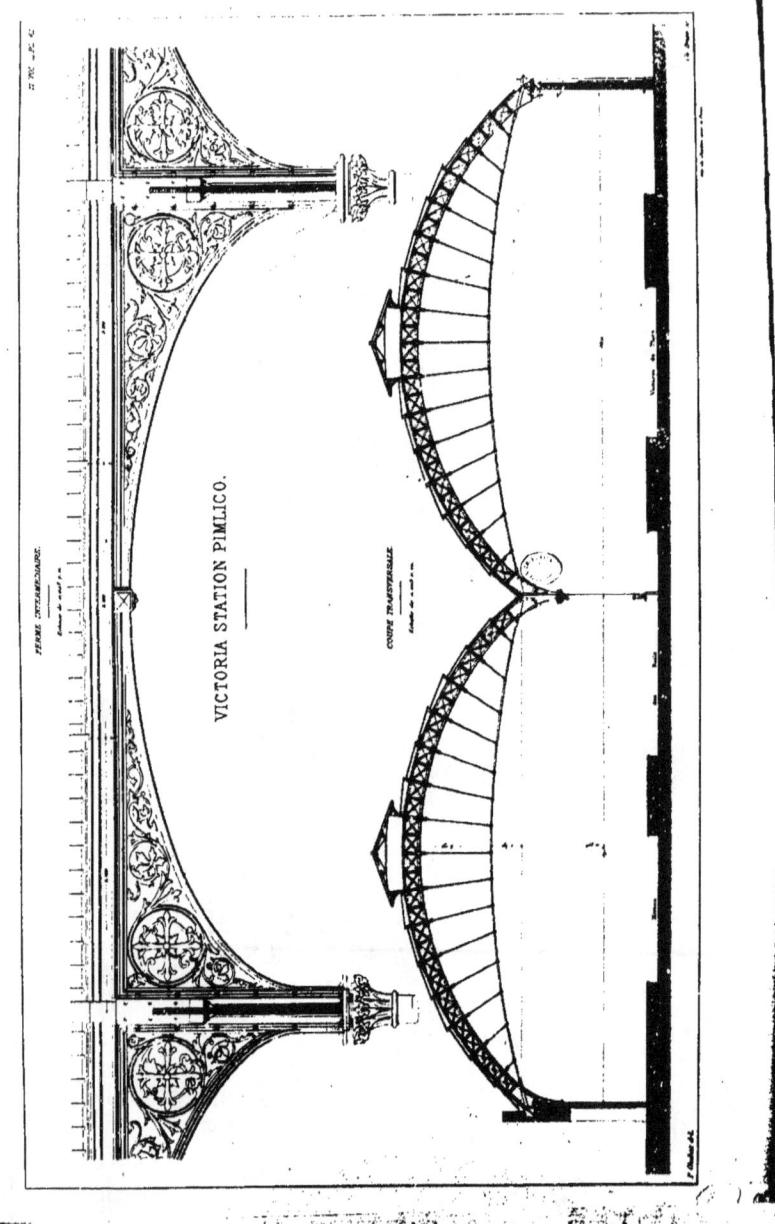

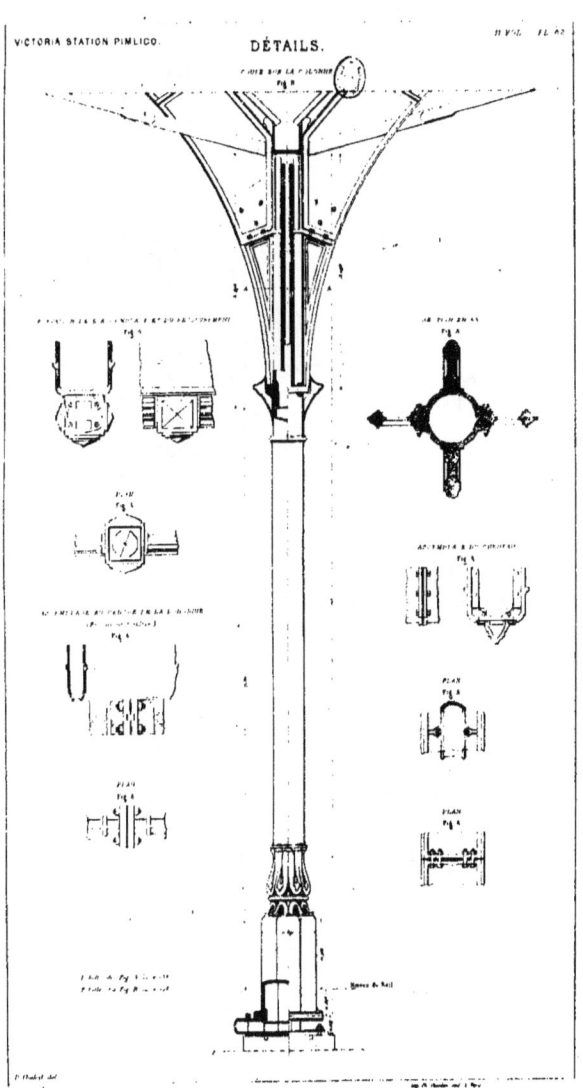

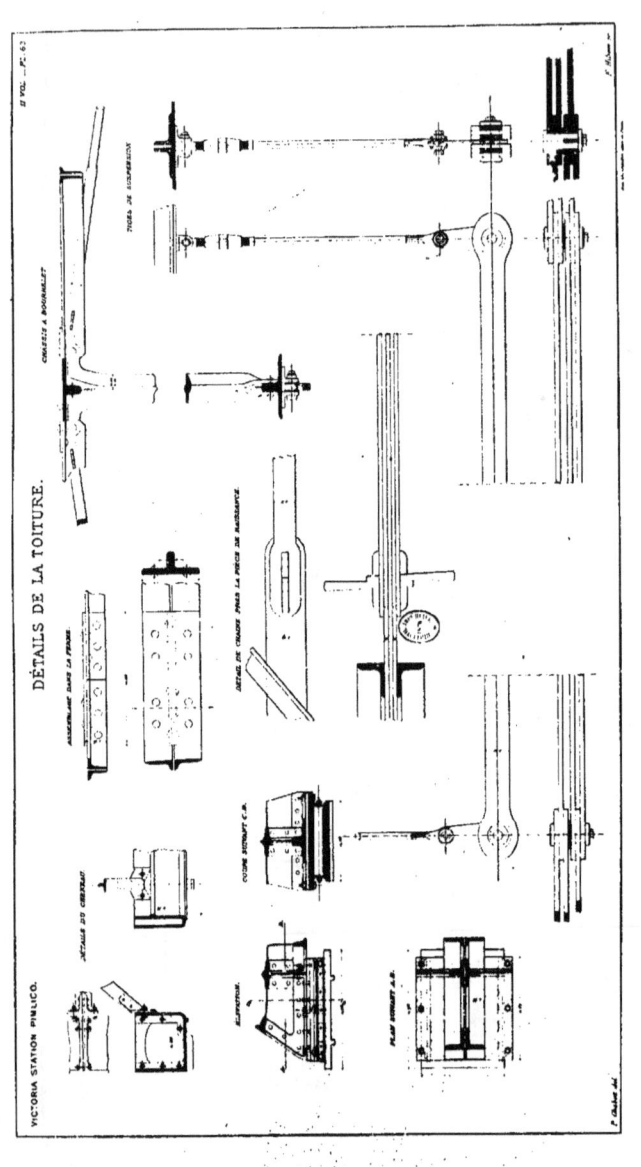

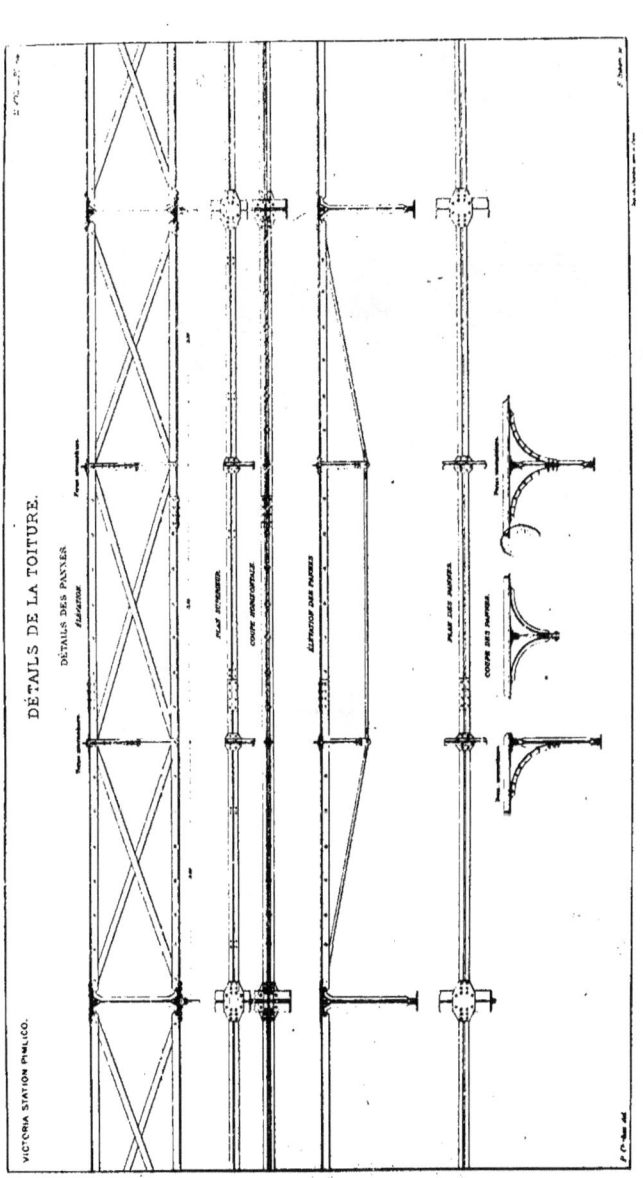

BARRIÈRE EN FER.

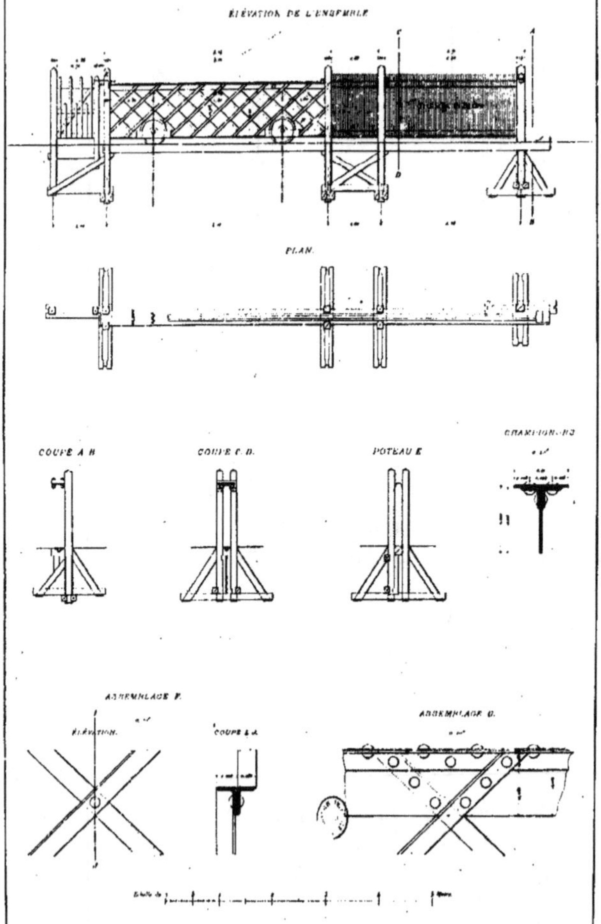

CHEMIN DE FER DU NORD.

BARRIÈRE EN FER.
DÉTAILS.

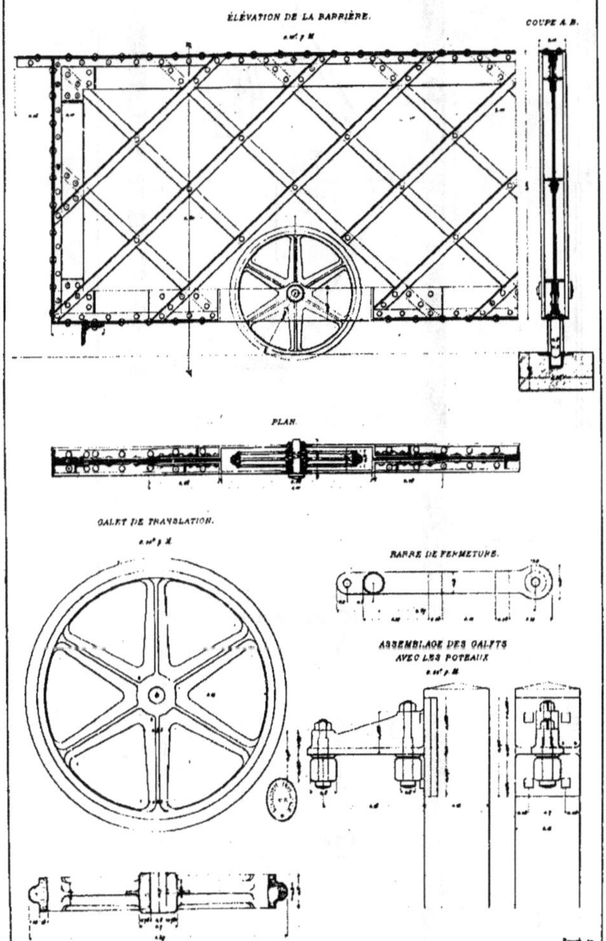

ÉLÉVATION DE LA BARRIÈRE.

COUPE A.B.

PLAN.

GALET DE TRANSLATION.

BARRE DE FERMETURE.

ASSEMBLAGE DES GALETS AVEC LES POTEAUX.

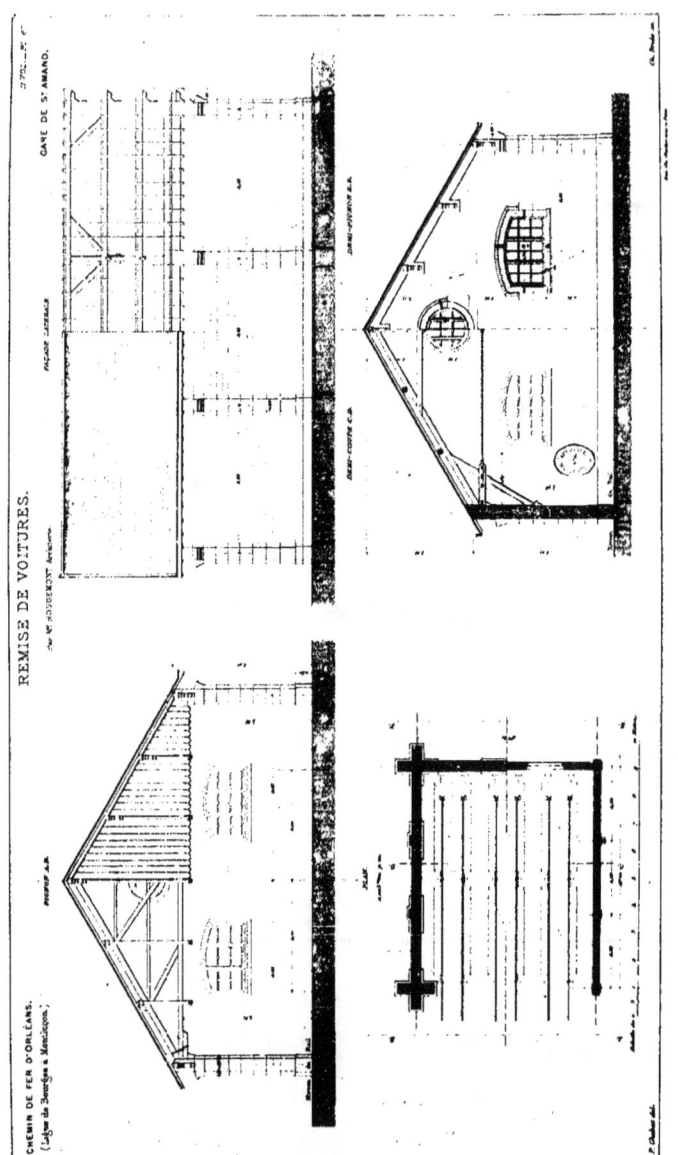

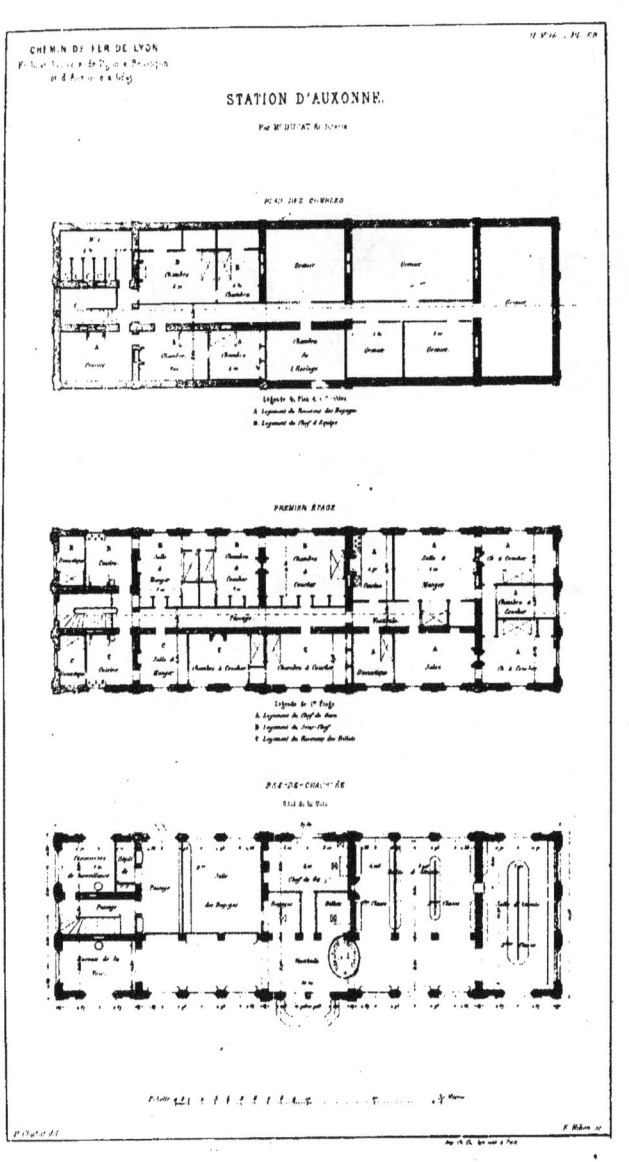

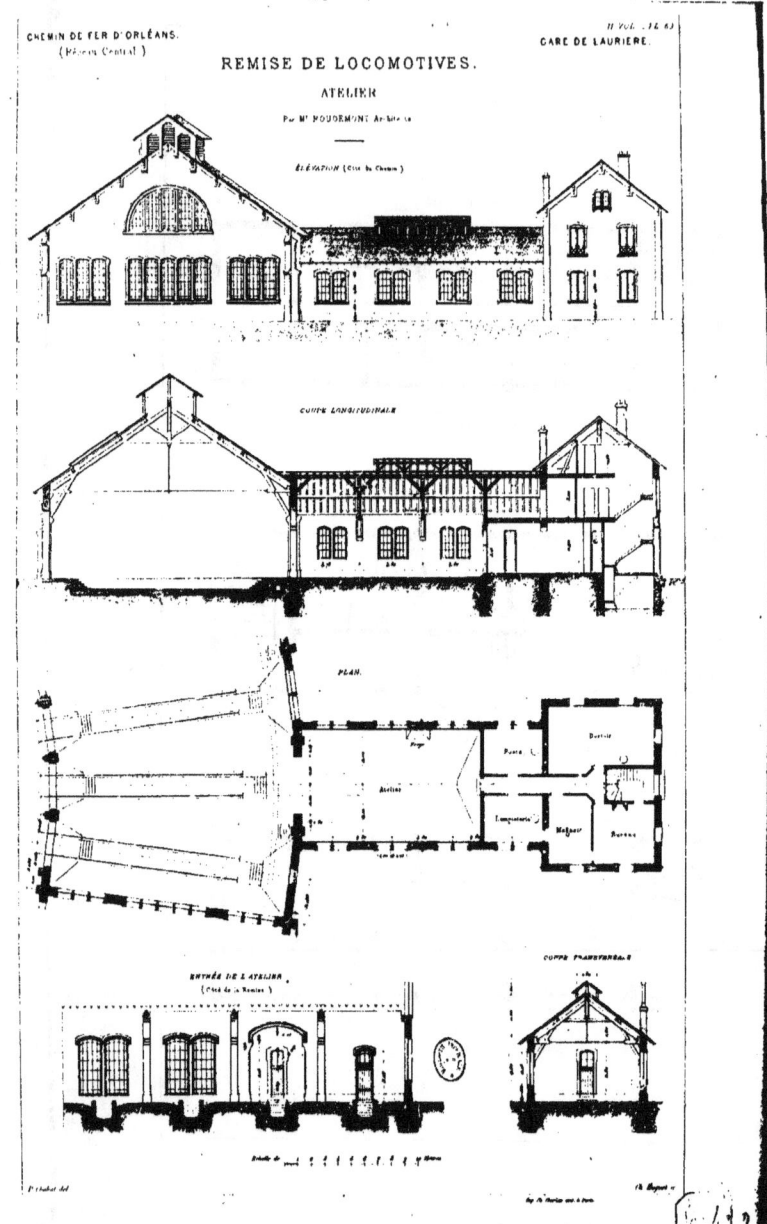

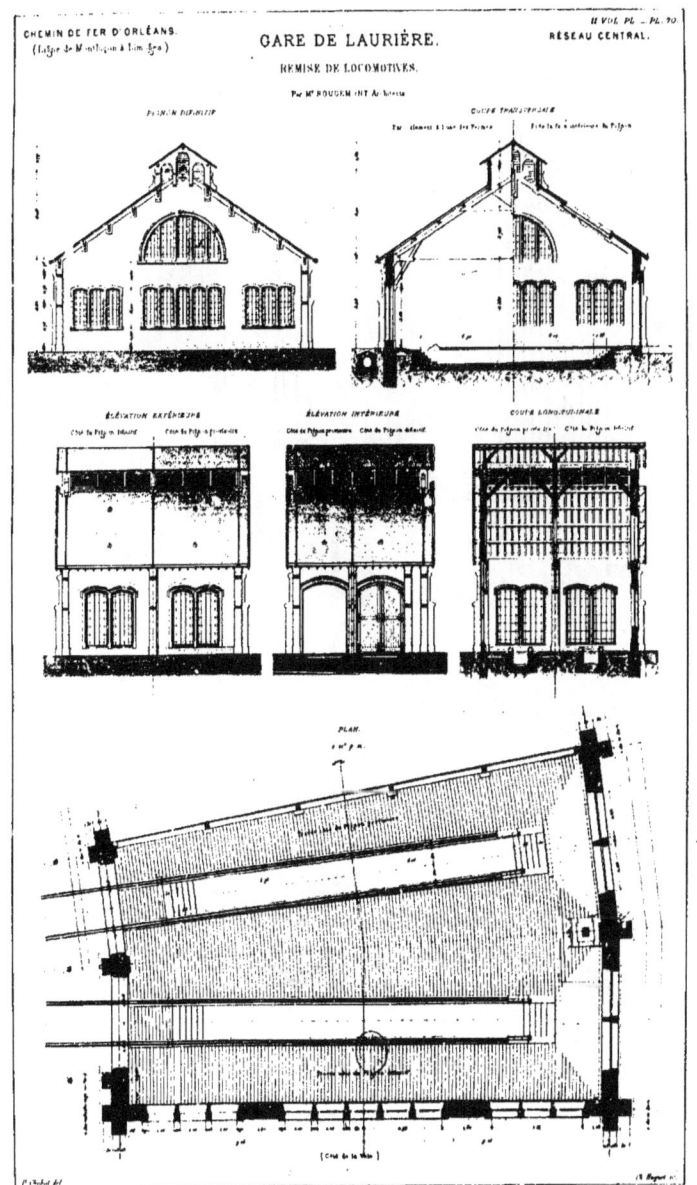

CHEMIN DE FER D'ORLÉANS. GRANDES PORTES. GARE DE LAURIÈRE.
(Réseau Central.)

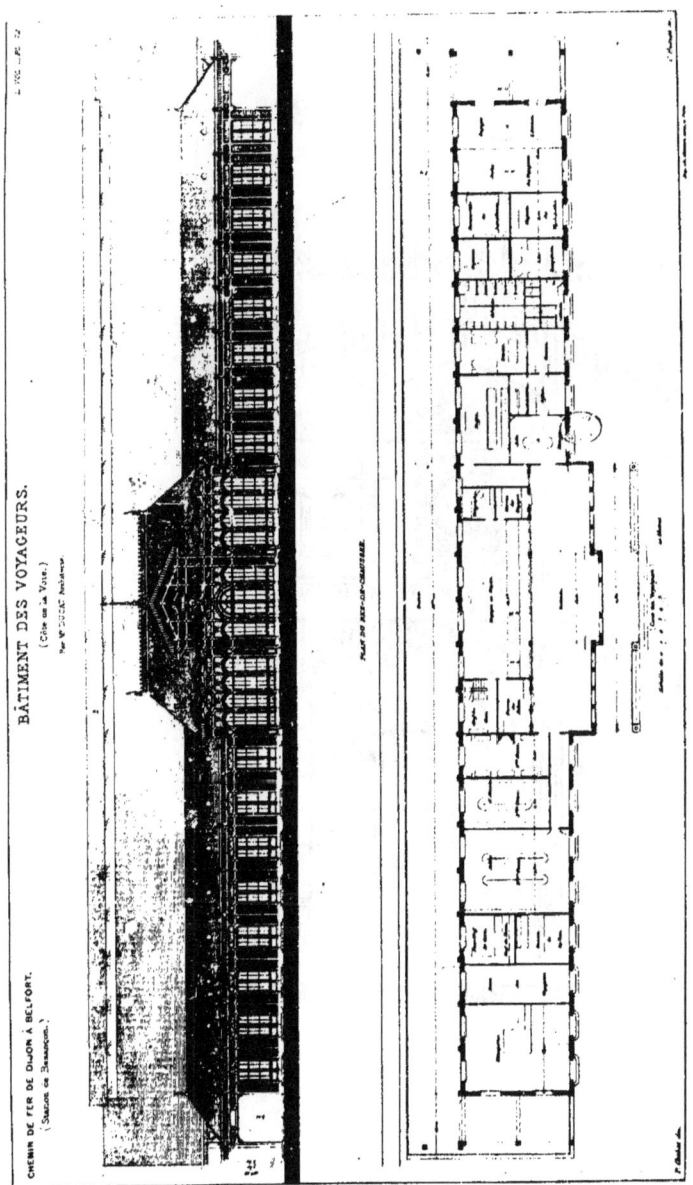

CHEMIN DE FER DE DIJON A BELFORT.

STATION DE BESANÇON.

BATIMENT DES VOYAGEURS.

ÉLÉVATION LATÉRALE.

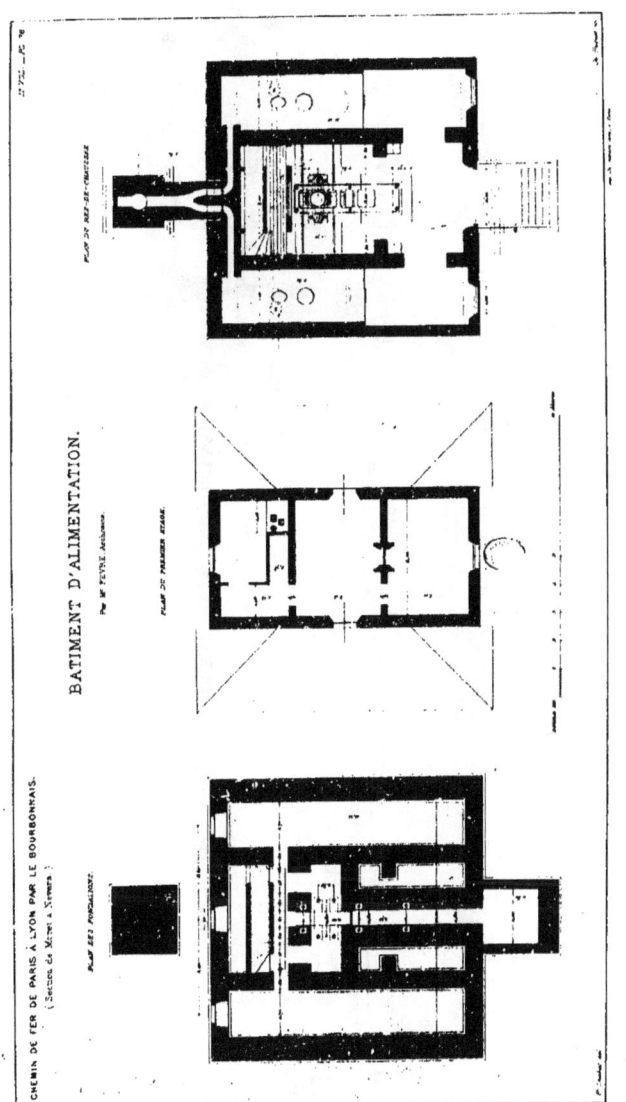

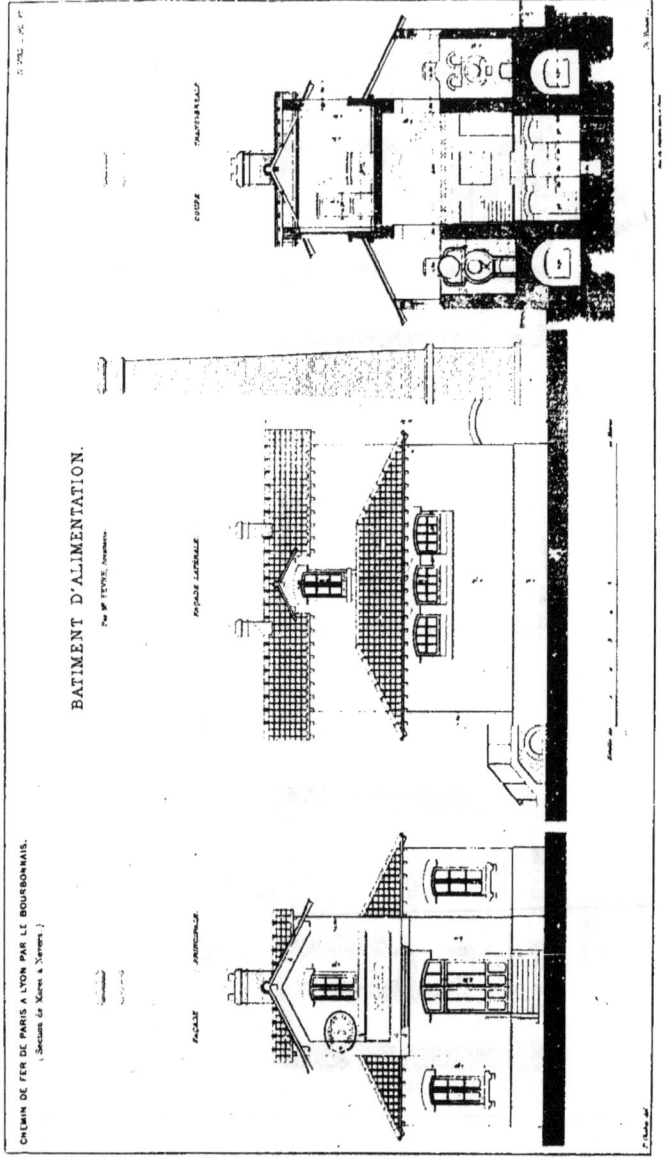

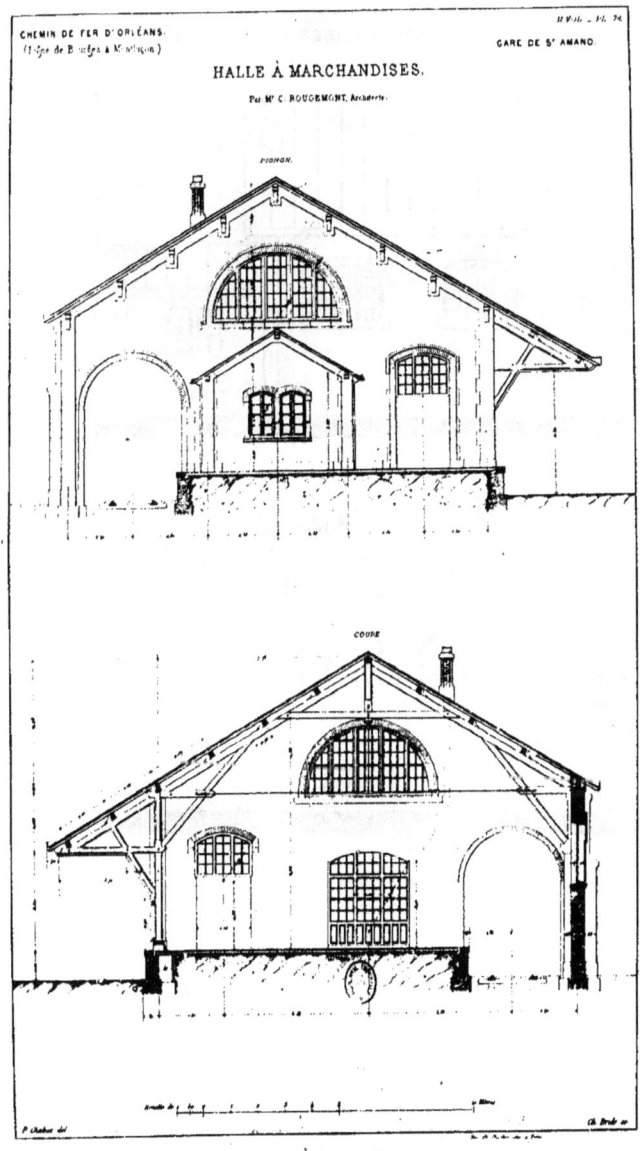

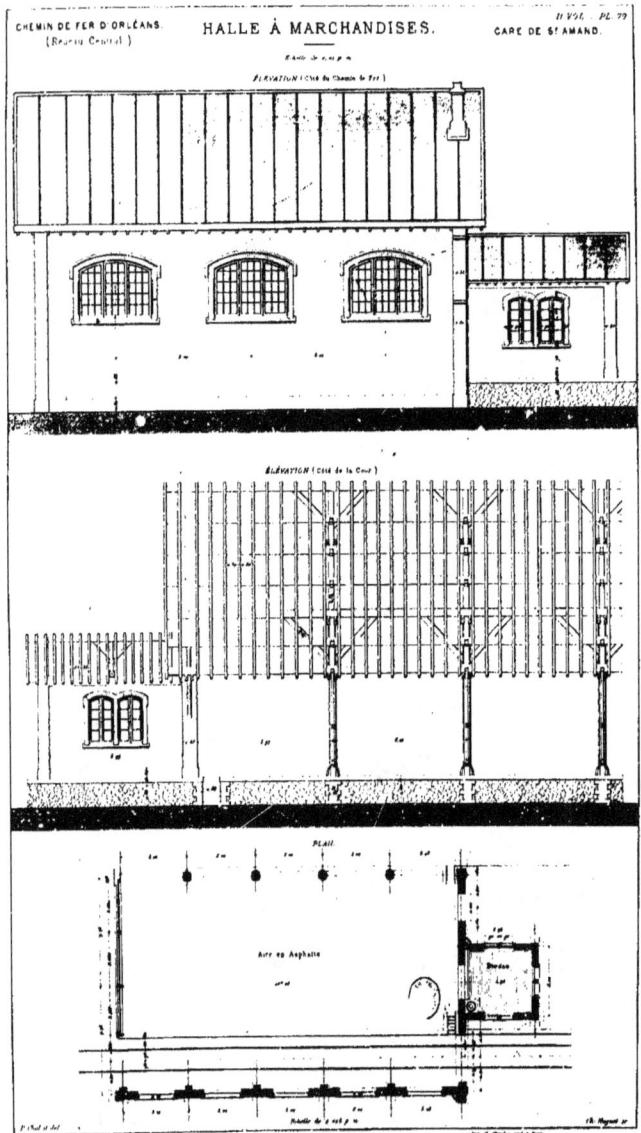

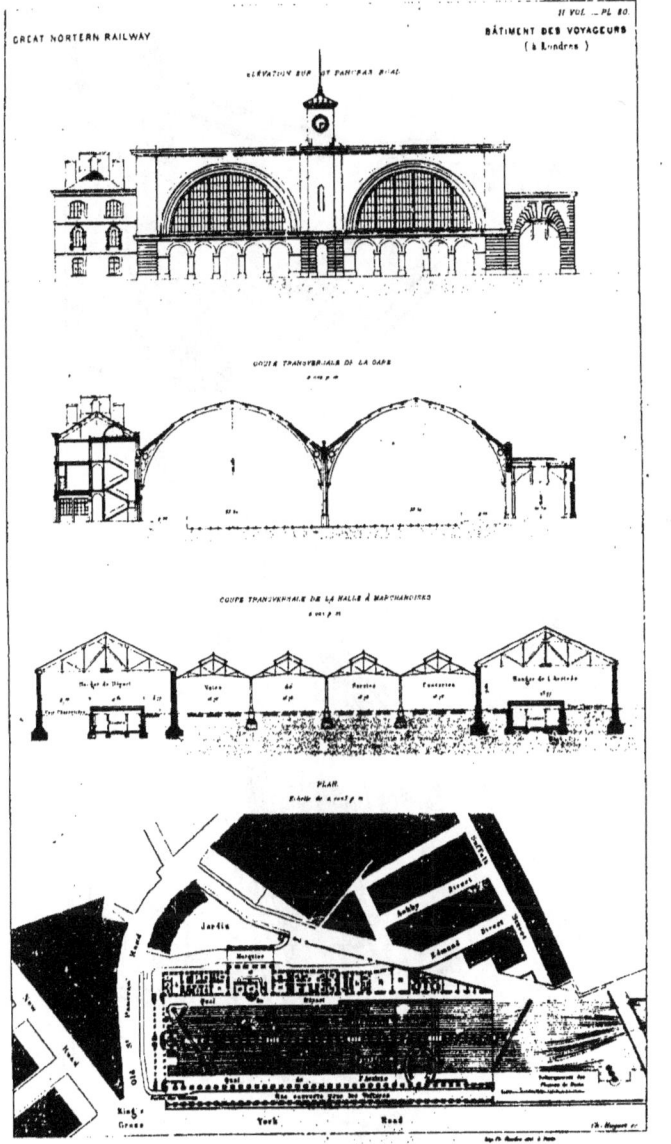

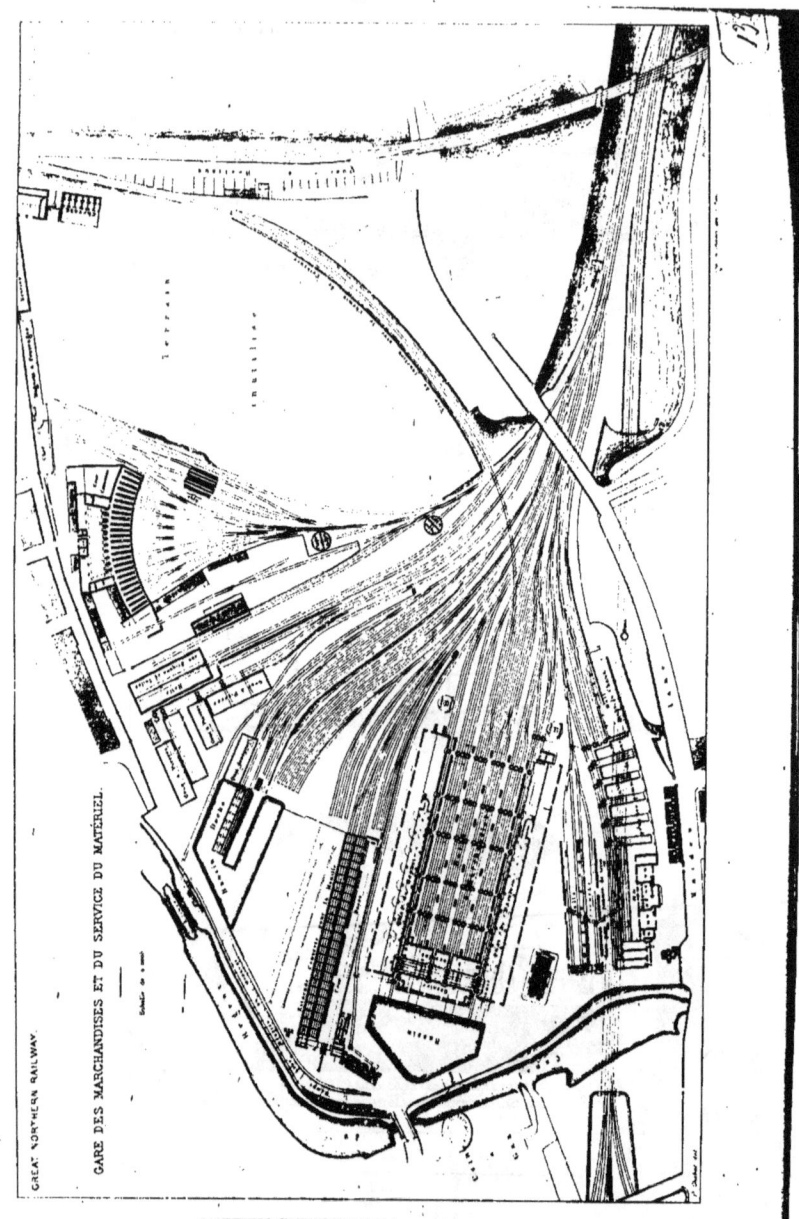

CHEMIN DE FER DE LYON A LA CROIX-ROUSSE.

PROFIL EN LONG.

PLAN DU CHEMIN.

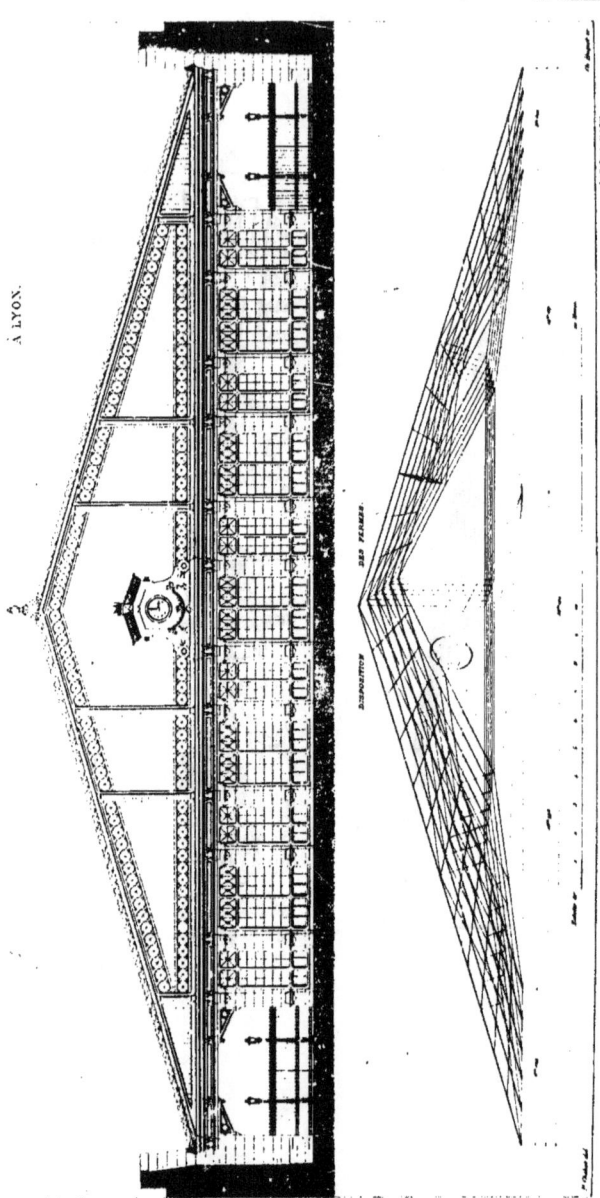

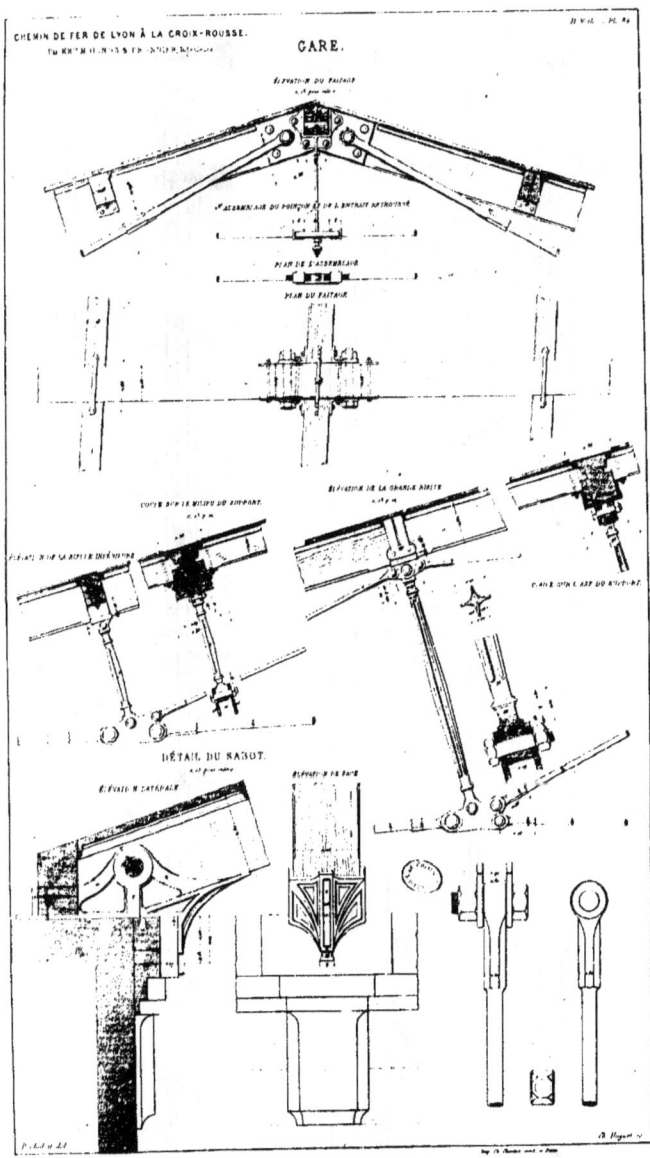

CHEMIN DE FER DU NORD.

BARRIÈRE ROULANTE.

ÉLÉVATION CÔTÉ DU CHEMIN DE FER.

COUPE SUIVANT A.B.C.D.E.F.

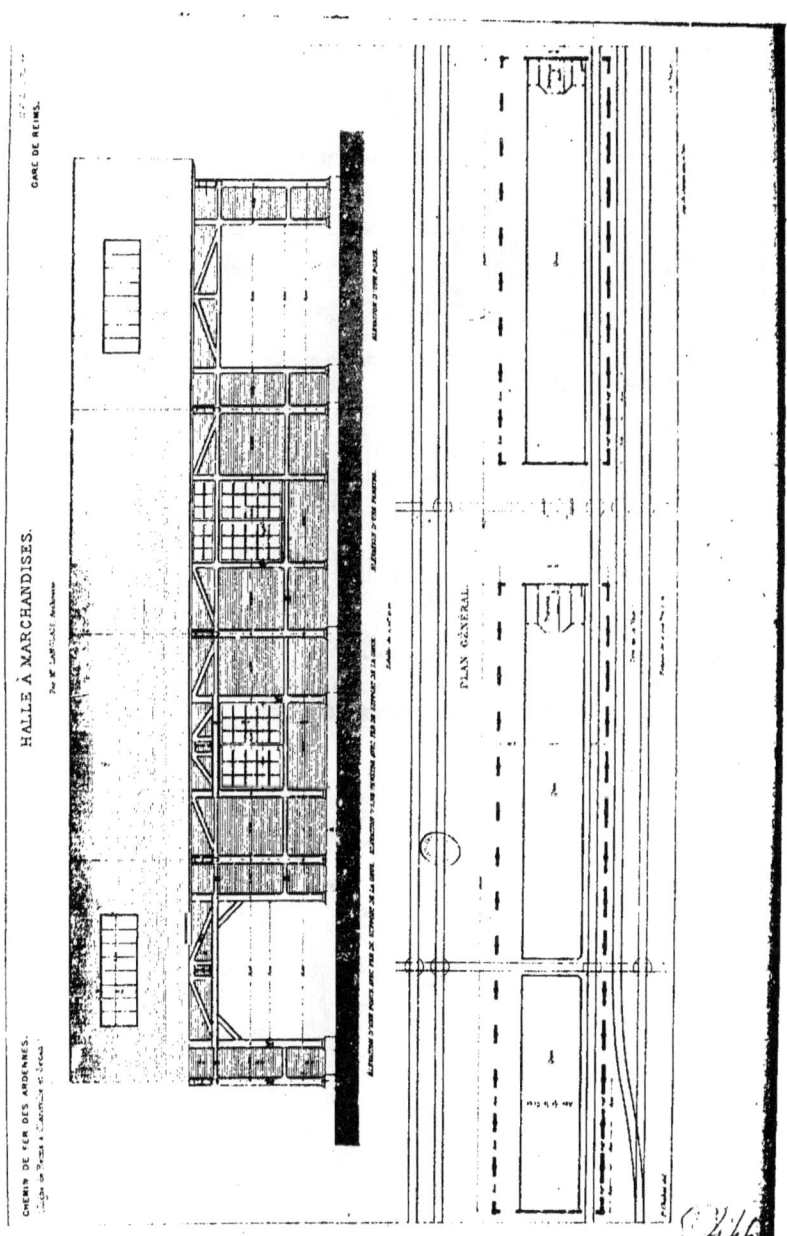

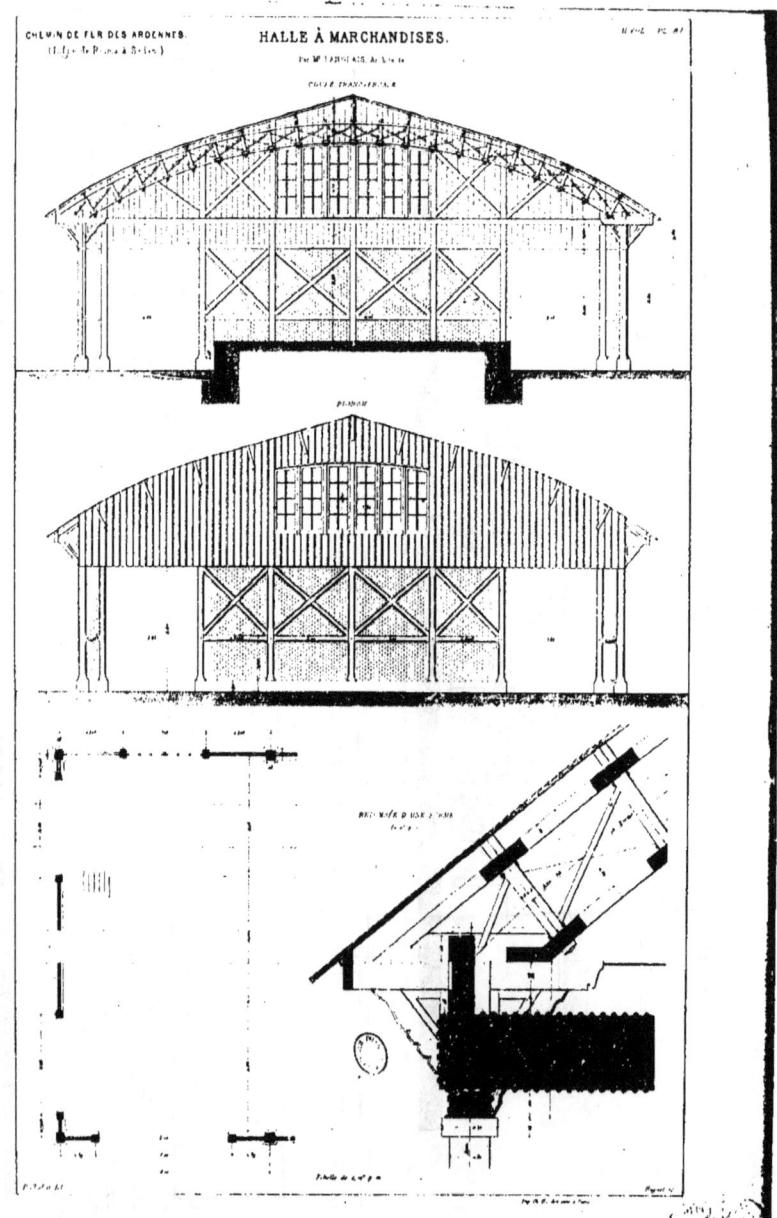

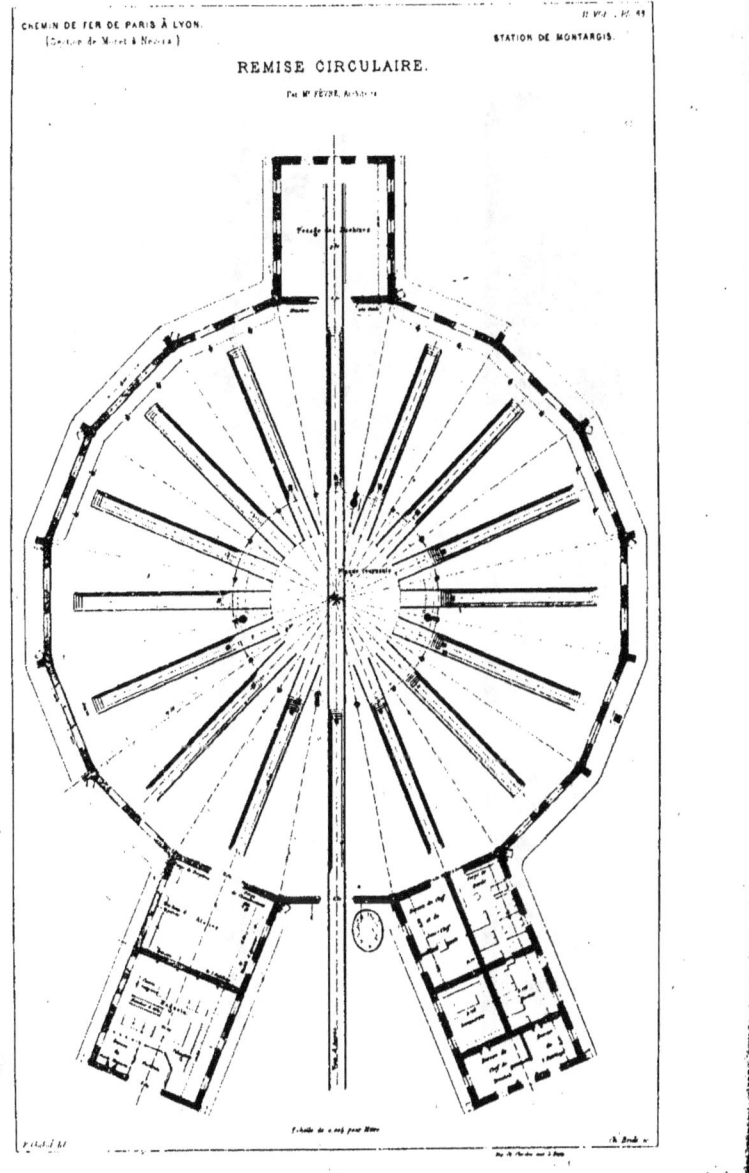

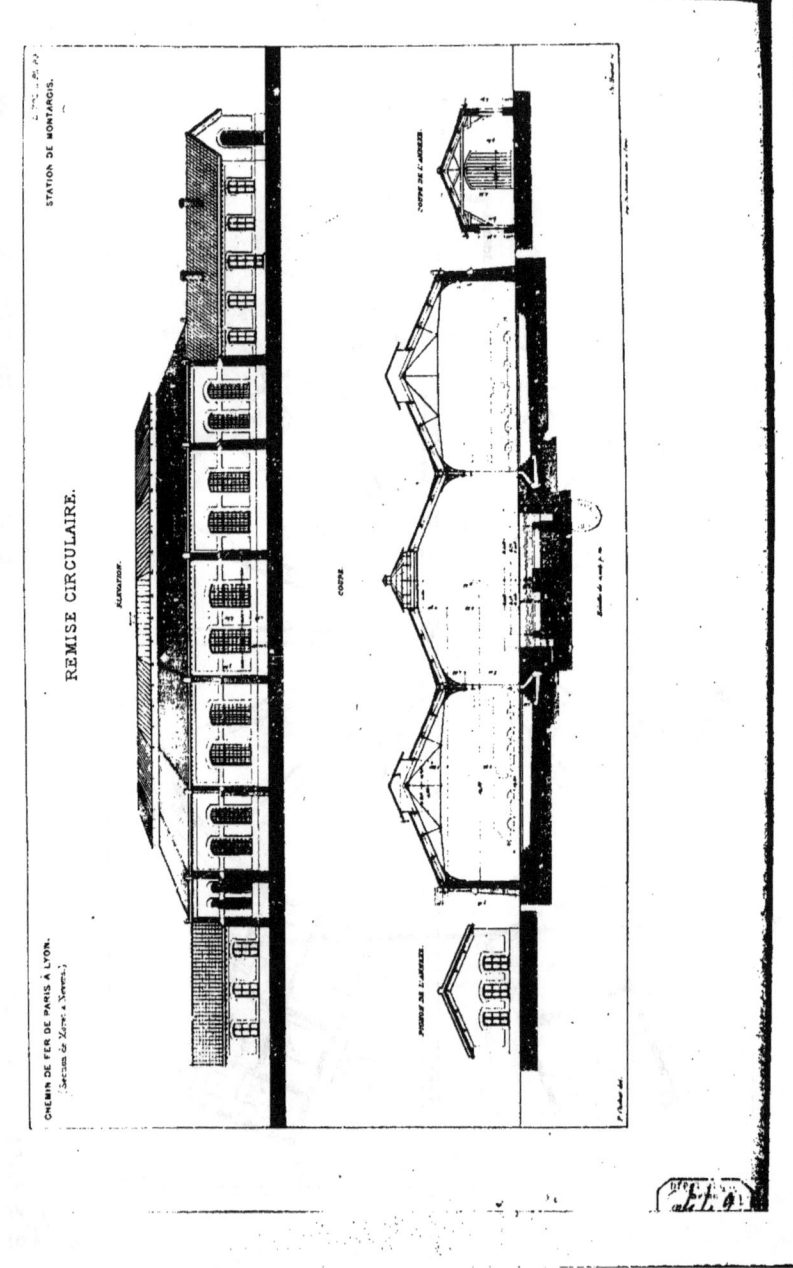

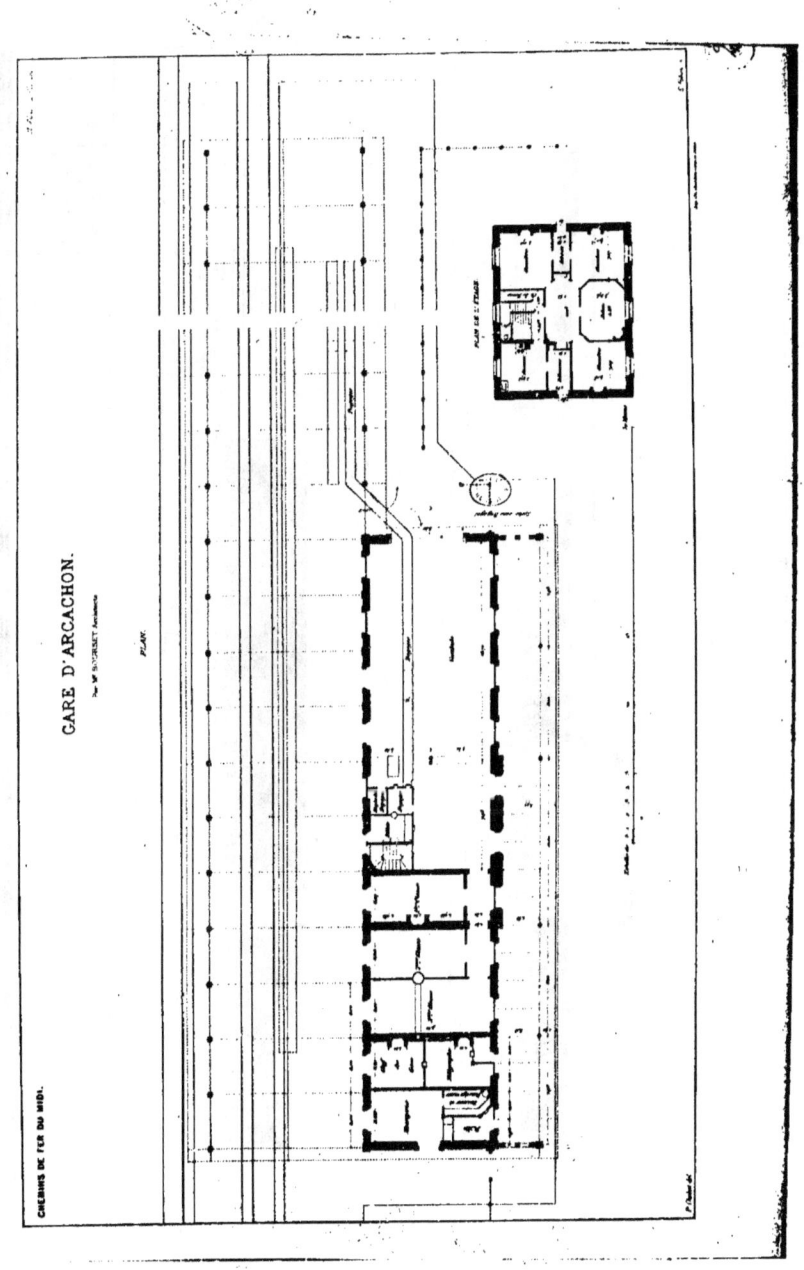

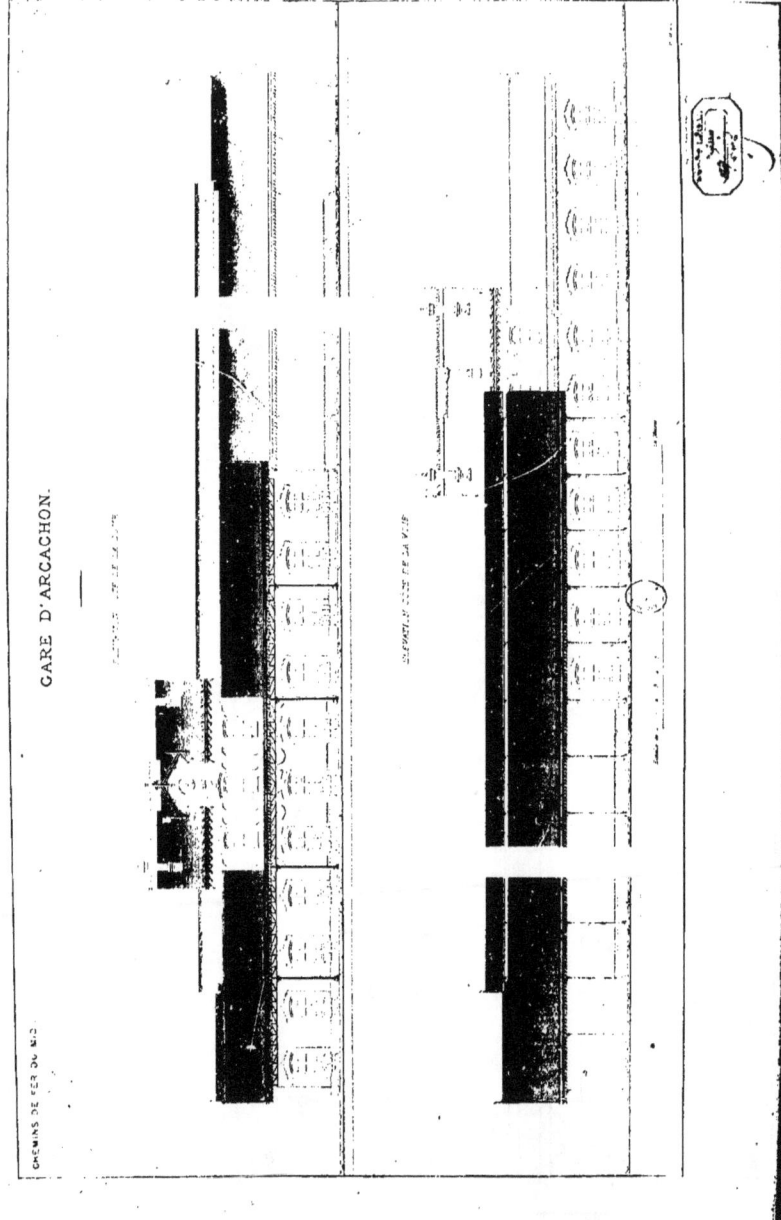

CHEMINS DE FER DU MIDI.

GARE D'ARCACHON.

ÉLÉVATION LATÉRALE
(Côté de Bordeaux)

ÉLÉVATION LATÉRALE
(Côté à Bayonne)

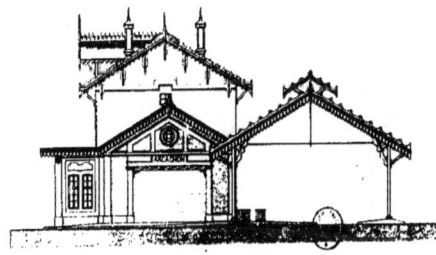

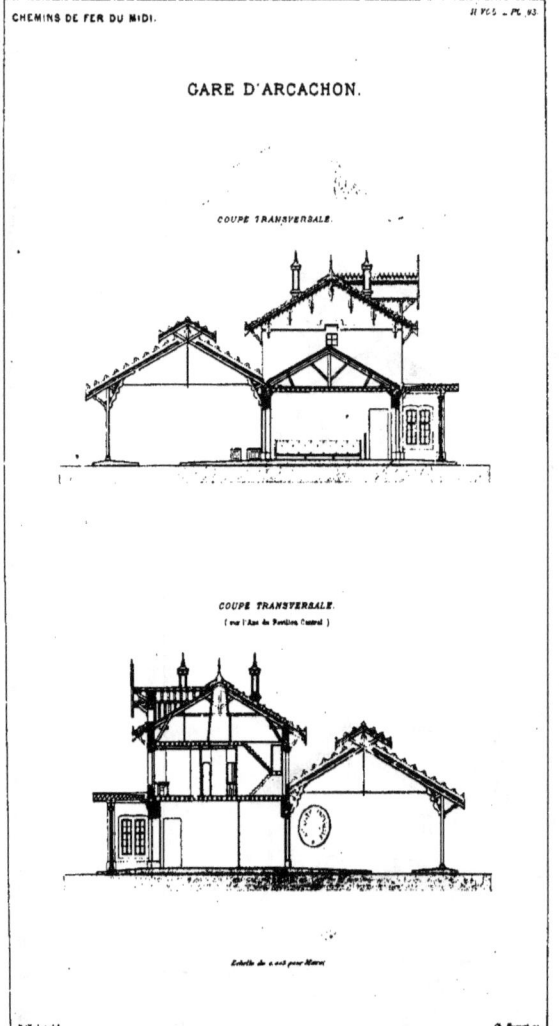

GARE D'ARCACHON.

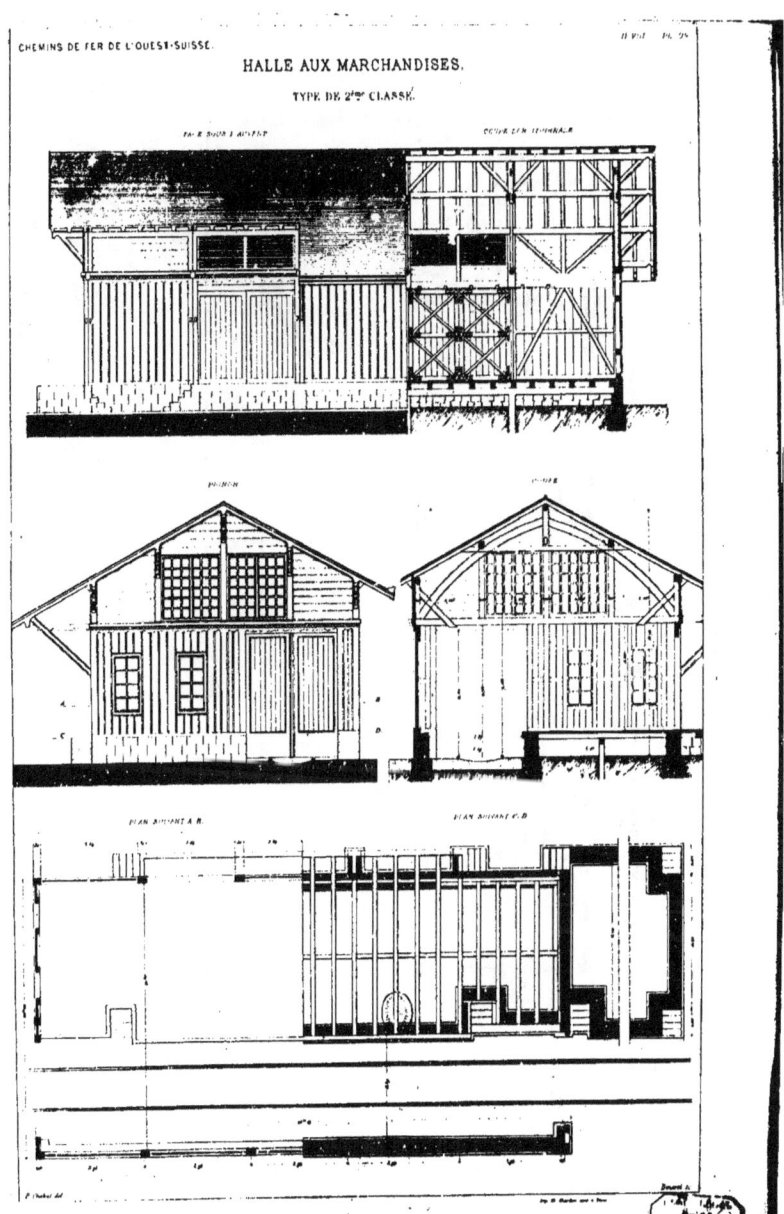

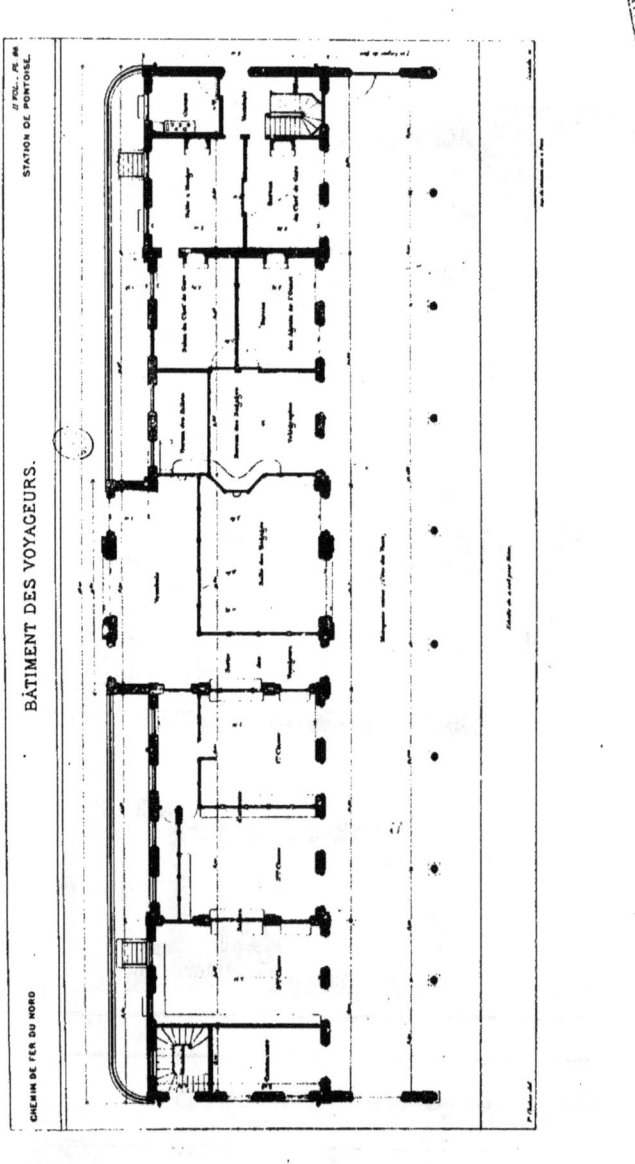

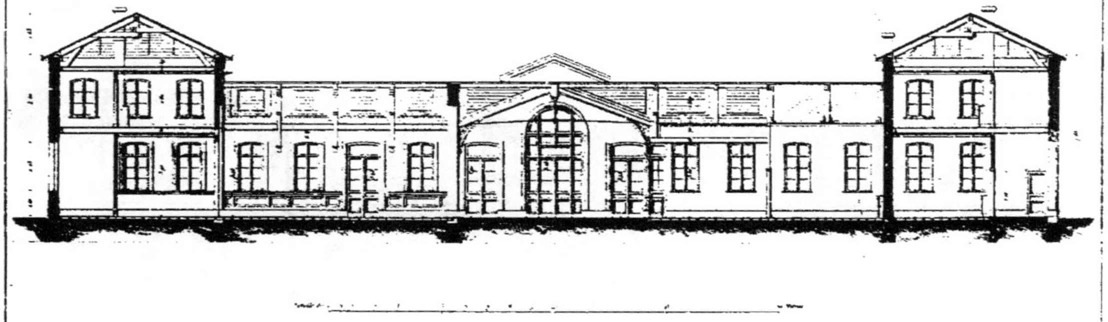

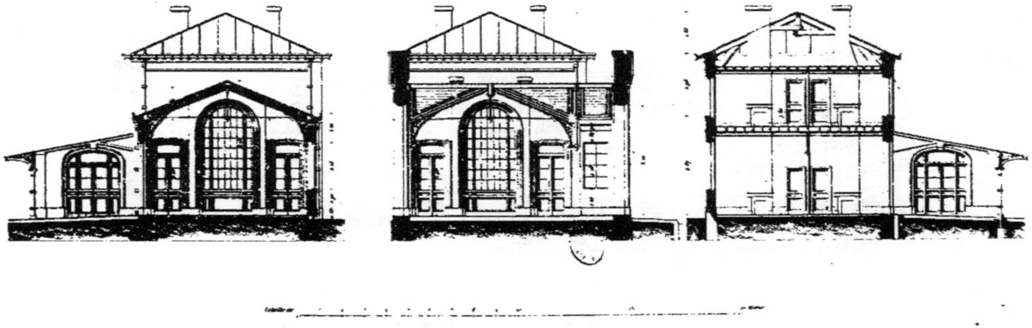

CHEMIN DE FER DU NORD.

PLAN DE LA NOUVELLE GARE.

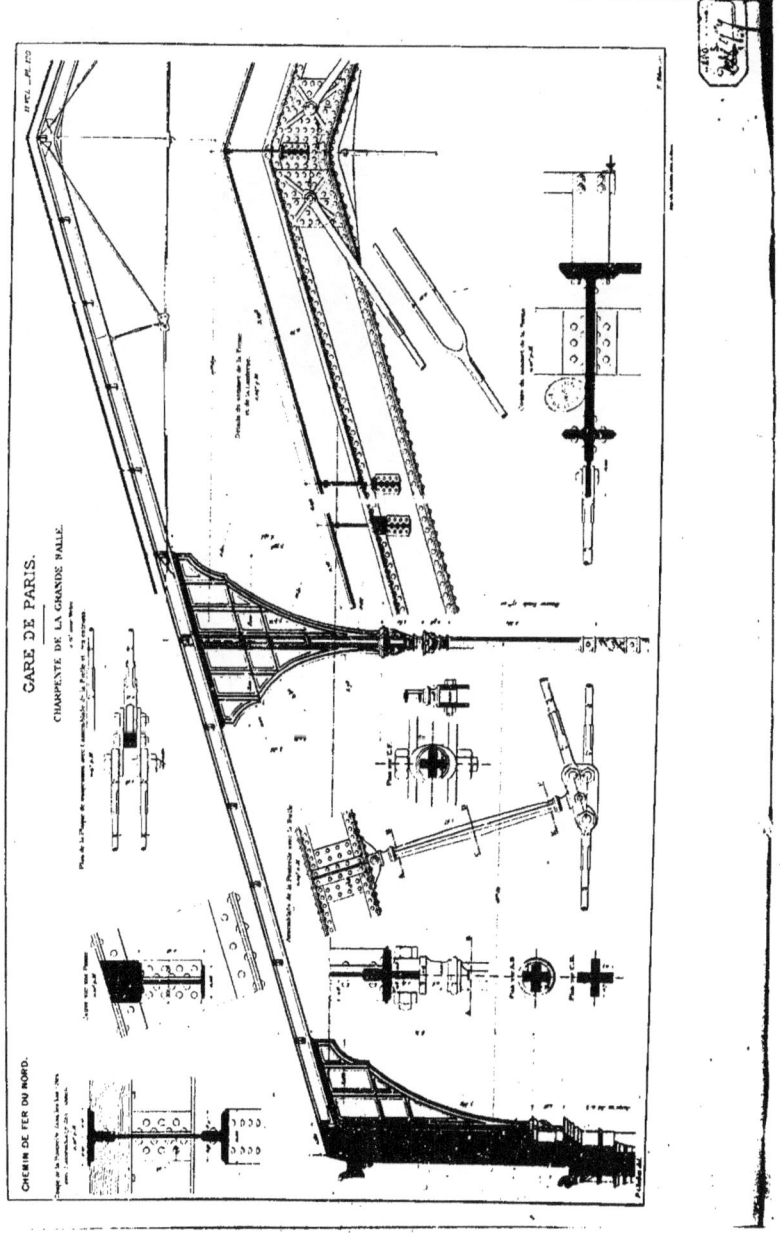

www.ingramcontent.com/pod-product-compliance
Lightning Source LLC
Chambersburg PA
CBHW070521100426
42743CB00010B/1903